美团 著

外卖运营7步法

流程细节　提效方法　旺铺案例

人民邮电出版社
北京

图书在版编目（CIP）数据

外卖运营7步法 / 美团著. -- 北京 ：人民邮电出版
社，2022.1
ISBN 978-7-115-57775-7

Ⅰ．①外… Ⅱ．①美… Ⅲ．①饮食业－快递－商业服
务－运营管理－中国 Ⅳ．①F726.93

中国版本图书馆CIP数据核字(2021)第218622号

内 容 提 要

外卖行业的发展为餐饮企业开辟了新的增长点，但是在这个新兴的市场中，商业模式、运营方法、营销策略等也都是全新的，只有掌握了这些新的规则和玩法，外卖商家才能跟上市场快速发展的节奏。

本书基于美团外卖平台多年积累的经验和市场数据，针对外卖商家线上开店、菜单设计、线上运营、出品提效、交付配送、客情维护、数据分析七大问题，手把手讲解外卖店铺从注册开店到高效运营的各个流程环节，以及常见问题的应对方法，为读者提供了详细的外卖运营解决方案和实操案例。本书内容可以帮助外卖店铺的经营者顺利得到平台官方的系统指导，不断提升运营水平。

本书适合餐饮企业管理者及外卖行业咨询师、培训师参考阅读。

◆ 著 美 团
责任编辑 王飞龙
责任印制 胡 南

◆ 人民邮电出版社出版发行 北京市丰台区成寿寺路 11 号
邮编 100164 电子邮件 315@ptpress.com.cn
网址 https://www.ptpress.com.cn
北京七彩京通数码快印有限公司印刷

◆ 开本：720×960 1/16
印张：15 2022 年 1 月第 1 版
字数：200 千字 2025 年 11 月北京第 22 次印刷

定 价：59.00 元
读者服务热线： （010） 81055656 印装质量热线： （010） 81055316
反盗版热线： （010） 81055315

做新餐饮，赢双主场

新冠疫情的爆发给餐饮业带来了很大的冲击，据统计，2020 年我国餐饮业收入同比下降超过 15%。疫情严重期间，外卖业务成为餐饮企业维持运转、稳定现金流的重要渠道。据美团外卖和艾瑞咨询测算，2020 年我国外卖市场规模突破了 8100 亿元，餐饮线上化渗透率直线上升。与 2019 年相比，外卖行业渗透率增长了 6.5 个百分点。

外卖业务帮助餐饮商户增加了营收渠道，促进了餐饮行业的消费复苏。越来越多的餐饮商户意识到"线下＋线上"的经营模式能够更好地应对风险，餐饮行业已经进入外卖、堂食"双主场"时代，这些变化对餐饮经营者的数字化意识、数字化能力提出了更高的要求。

美团外卖作为外卖业态的共同构建者，一直在思考如何帮助整个行业提升线上运营能力，助力餐饮商家实现更好的经营业绩，助力行业实现稳健发展。希望本书能够对外卖运营管理人员有切实的帮助，为餐饮企业的外卖运营业务提供理论支撑与方法论指导。

王莆中

美团高级副总裁兼到家事业群总裁

目　录

导　言

重新理解外卖

如何重新理解外卖行业

随着互联网技术的不断发展和基础配套设施的不断完善，网络订餐模式日渐兴起，外卖行业在近几年发生了巨大的变化，市场一直处于扩张态势。2015年可以算是中国外卖行业的爆发元年。尽管 2015 年以前，外卖已经存在于人们的生活中，但尚未形成完整的产业链。2015 年之后，受到技术、商家、资本、用户消费习惯等因素的综合推动，外卖行业迎来了大爆发。

2020 年，外卖行业规模已经突破了 8100 亿元。外卖市场的交易额、用户规模、商家收入也在飞速发展，这背后其实是整个外卖产业链的蓬勃发展。中国外卖行业的持续快速增长，不仅方便了广大民众的生活，也推动了餐饮行业的线上线下融合发展，拓宽了经营场景和消费场景，创造了大量就业机会，为餐饮行业发展注入了新的动能。

1. 外卖给餐饮行业带来的底层变化是什么

作为餐饮行业的新生态，外卖一直被视为"互联网＋餐饮"的典型模式，在促进餐饮行业创新发展层面发挥了重要推动作用。那么外卖带给餐饮行业的底层变化到底是什么呢？

首先，从最直接的层面来看，外卖对传统餐饮行业来说，是一种全新的商业模式，一种新的业务发展方向，更是一种新的营收增长引擎，这种业务模式给传统餐饮行业注入了新的发展动能。有创新的方向，就代表有新的市场空间可以开拓。近几年，餐饮业在原有发展框架里的整体提升有限，外卖带来了餐饮行业的重构，升级了商业模式，打破了现存的发展瓶颈。

其次，从餐饮行业的内部来看，外卖带来的重要影响也体现在多个方面。

在传统餐饮行业的成本结构中，人力、房租、食材费用占比很高，餐饮企业整体利润空间有限。而如果采取"门店＋外卖"共同发展的模式，外卖业务能够有效分担企业原有成本，提升餐饮经营利润，降低整体经营压力。

此外，外卖对餐饮行业的影响还在于，它解除了消费过程中消费者与用餐场景的强绑定关系，在拓宽了商家的经营空间和经营时间的同时，也为商家拓展了新的用户，满足了新的消费需求，带来了新的消费增长。2020年5月，中国贸促会研究院发布的《外卖业务对餐饮业高质量发展的作用研究》报告显示：55%的用户表示因为外卖服务而增加了每周的餐饮支出，20%的用户会使用外卖服务享受下午茶与夜宵。

因此，外卖成为驱动餐饮行业迈入数字化管理时代的重要力量。外卖经营使餐饮门店在线上得到推广，利用互联网流量获得新用户。餐饮门店能够利用基于外卖业务沉淀下来的大数据进行相关分析，更加清晰地明确用户画像、产品及服务评价，挖掘现有经营管理问题，了解用户需求，从而有效推动餐饮门店优化经营管理，不断提升自身市场竞争力。

2020年初爆发的新冠肺炎疫情对整个经济社会发展和人们的生活造成了很大影响。很多餐饮商户关闭堂食门店，而居家隔离更是大幅度减少了人们外出堂食就餐的可能性，餐饮商户的堂食收入严重受挫。面对此种情况，越来越多的餐饮商户意识到多种经营模式的搭配能够更好地应对风险，并且开始积极拓展销售渠道，上线外卖业务，增加营业收入，努力降低因疫情带来的经济损失。

美团研究院2020年2月发布的《新冠肺炎疫情对餐饮行业的影响调查》显示，近30%的被访商户正逐步转向外卖经营，其中约50%的营业商户正在向外卖业务投入更多资源；约25%的暂停营业商户表示开业后会增加外卖业务投入，转变营业重心；此外，2020年2月初处于营业状态的外卖商户中，有

53.6% 的商户外卖收入占总体营业收入的 50% 以上，其中 42.9% 的商户外卖收入占比超过 70%。

在疫情严重期间，外卖发挥了非常重要的作用，帮助餐饮商户增加了营收渠道，促进了餐饮行业的消费复苏。越来越多的品牌餐厅也开始通过美团平台开展外卖服务，仅 2020 年一季度就有超过 50% 的必吃榜餐厅上线外卖业务，餐饮行业线上化趋势明显加速。在这场疫情中，外卖对餐饮行业的真正价值被众多商家所认可和进一步理解。

鉴于外卖对餐饮行业高质量发展的重要性与日俱增，美团新餐饮研究院白秀峰院长提出了"做新餐饮，迎双主场"的餐饮发展新概念（见图 0-1）。他认为，"外卖＋门店"的模式是未来餐饮行业发展的必然方向，外卖和门店是两种不同商业模式的互补，是对两类不同用户需求的满足，更是两种商业思维的糅合。外卖和门店相互促进发展，充分利用彼此的优势，能够在最大程度上提升餐饮经营的整体坪效、人效、品效、时效、客效。

图 0-1 做新餐饮，迎双主场

2. 外卖行业的现状如何

这几年，外卖行业蓬勃发展，已经成为餐饮行业乃至大消费增长的重要驱动力。根据国家统计局发布的数据，餐饮行业收入占我国社会消费零售总额的比重连续 5 年提升，2019 年达到 11.3%。

艾瑞咨询研究数据显示，2020 年我国外卖行业收入达到 8119.4 亿元，同比增长 24.2%（见图 0-2）。随着用户外卖消费习惯的进一步养成和餐饮商户线上化加速，2020 年线上餐饮外卖在中国餐饮业大盘中的占比已达到 20% 左右。总量增长配合结构优化，我国外卖行业有望在近几年内发展成为万亿级规模的市场。

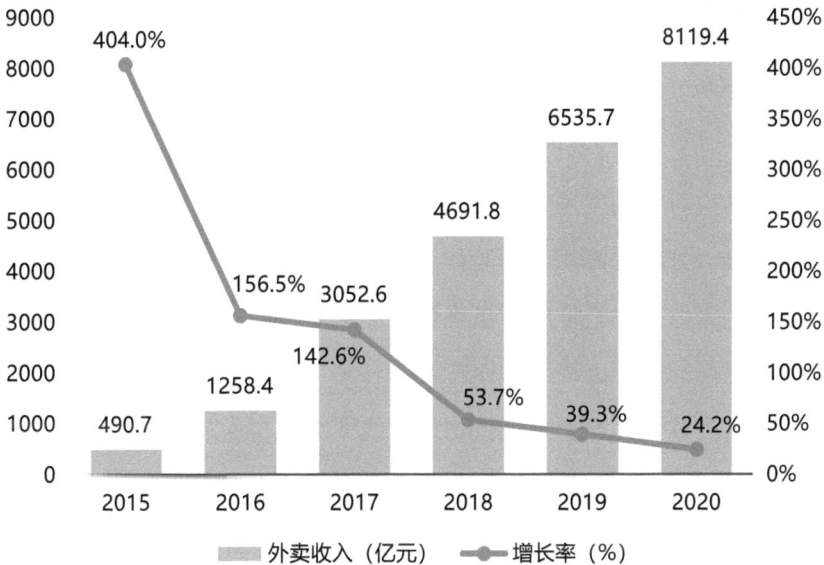

图 0-2　2015—2020 中国外卖行业收入与增长率

从整个发展历程来看，外卖行业经历了从野蛮生长到目前的逐渐深化、有序发展的过程，并且正在朝着全品类方向努力奋进（见图 0-3）。

在外卖行业发展初期，为了快速抢占市场份额，外卖平台通过折扣券等方式补贴用户和商家，吸引用户消费和餐饮商户入驻，这一时期，一大批小餐饮店和快餐品类借助行业红利，纷纷入驻外卖平台。

随着外卖行业的不断成熟，市场竞争格局日渐稳定，行业开始进入有序发展阶段，整个平台的补贴也开始变得适度；另外，传统餐饮企业纷纷拥抱互联网，开设外卖业务，推动外卖行业持续增长。

| 补贴多
小店多
快餐多 | 补贴适度
品牌起量
持续增长 | 需求细分化
供给品牌化
运营专业化 | 万物到家 |

野蛮生长期　　**有序发展期**　　**有质发展期**　　**全品类发展期**

图 0-3　外卖行业发展历程

目前，外卖行业的发展重点已从增量转向对用户存量的挖掘，更加注重服务品质的提升，并将提高用户体验作为发展的核心竞争力。另外，全品类外卖时代将加速到来，外卖行业将会出现更多的新用户、新商户、新模式、新合作伙伴，外卖生态的边界也将进一步扩大。

外卖是以互联网为媒介，连接用户与线下餐饮企业的生活服务平台，它以资源整合为核心，以用户需求为导向，旨在为用户提供丰富的外卖信息以及便捷的外卖服务，使用户可以足不出户进行线上订餐，并享受餐饮服务。外卖不仅改变了用户的消费习惯，还促进了餐饮乃至整个生活服务行业的发展壮大。

（1）外卖更加深入生活场景，用户消费行为发生改变

从消费驱动力看，随着外卖融入用户的日常生活，用户产生外卖消费行为的机会点更加多样化，用户可以因为各种原因选择外卖进行餐饮消费，改善生活已经成为用户选择外卖的重要因素（见图 0-4）。

从消费时段上看，午餐和晚餐是外卖需求最为旺盛的时间段，但随着外卖业务的不断发展，用户的早餐、夜宵、下午茶等消费需求也逐渐成长起来，外

卖成为用户按需吃饭和按时吃饭的重要保障。

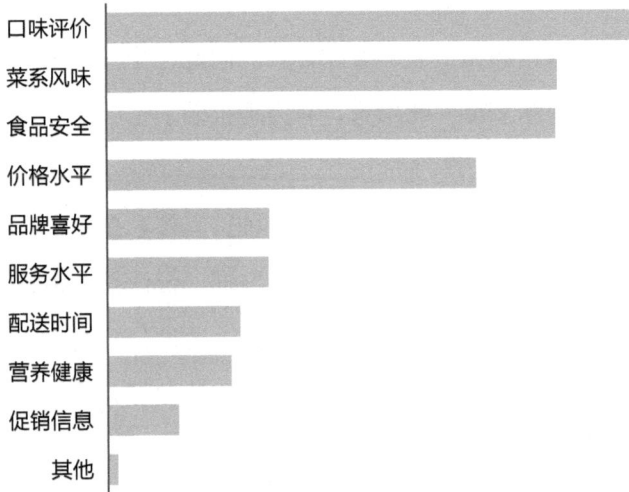

图 0-4　用户选择外卖商户的主要考量因素

数据来源：美团研究院、中国饭店协会外卖专业委员会

　　从消费空间上看，通常情况下，用户会选择在周围 1 千米内就近用餐。外卖配送大大提升了用户就餐的便利性和丰富性，使用户对餐饮消费的选择更加多样，扩大了餐饮商户的服务空间。

　　从用户画像看，随着新一代消费者的崛起，"90 后""00 后"成了外卖业务最大的消费群体，家庭结构的小型化和工作时间的分散使外卖服务变得不可或缺。此外，"单身经济"和"她经济"也推动了外卖行业的发展。

　　（2）外卖业务品质化、高效率发展，催生出新红利

　　外卖行业发展到今天，需要更加优质的供给来有效提升其可持续发展的能力，用户也需要更高品质的服务来满足自身消费需求的升级。

　　从供给端看，越来越多的品牌商家进入外卖行业，并且不断加大对外卖业

务的投入力度，在产品设计、新品研发、外卖服务等层面进行持续的创新变革，力求打造适合自身发展的业务模式。此外，品牌化也是众多商家的发展策略，成为商家提升其市场竞争力的有效方式。因此，受益于品牌商家自身的内外部影响力，品牌商家数量不断增长，有力地推动了整个外卖行业的服务品质升级。

外卖业务本质上属于零售业务形态的一种，其核心是效率。精细化的外卖运营则有助于提升整个行业的效率。随着大数据、云计算、物联网、人工智能等技术的发展，外卖可以借助相关数据和工具，通过分析用户消费偏好、提升菜品制作及迭代效率、升级配送服务等措施，在外卖服务的各个链条搭建精细化的运营管理体系，促使整个行业产能有效提升。

以大鸭梨为例，作为品牌商家，公司对外卖业务的重视度很高，配置了独立的外卖业务负责人及外卖运营团队。它从 2015 年开始进入外卖行业，从优化产品的外包装细节出发，以数据作为抓手，不断提高用户的外卖体验，打造了"品质＋安全"的品牌定位，如今它的外卖交易额长期处在外卖商家第一阵营的位置。

大鸭梨的整个外卖业务依托大数据分析，做得非常有品质且高效率，线上和线下融合发展，品牌优势不断增强。通过对外卖数据分析与用户需求的洞察，一直以烤鸭作为主打产品的大鸭梨在外卖上推出了单人份和半套的烤鸭，在售卖规格做出创新后，烤鸭从之前的高单价低频产品变成了中单价高频产品，在使用户对烤鸭的消费频次增加的同时，也为店铺起到了引流作用，实现了下单转化率的提升。

（3）生态模式日渐凸显，推动外卖行业升级

外卖为餐饮和零售行业带来了新的红利，"线上＋线下"的模式成为我国

餐饮行业发展的新常态。目前我国外卖行业形成了以外卖平台为中心，辐射供应链、共享厨房、外卖代运营等多元化服务的庞大生态体系。新冠疫情也逼迫外卖行业不断创新，加速了餐饮零售化，例如"手机菜篮子"生鲜零售的发展，无接触服务、健康码成为外卖和堂食就餐标配，并在一定程度上推动了智能取餐柜、无人配送车等应用的加速落地。

　　未来，外卖生态将围绕着商家、配送者、消费者进一步扩展，产业链上下游将深度联动，不断服务更多生活服务领域，为用户提供更丰富的品类选择、更快捷的配送服务、更优质的服务体验，从而实现真正意义上的"万物到家"，为整个外卖行业创造更大的发展空间（见图0-5、图0-6）。

图 0-5　外卖商家服务生态

图 0-6　美团配送科技开放平台

如何重新理解外卖运营

1.为什么要强调外卖运营

餐饮行业一直以来属于传统行业，数字化程度较低，然而新冠疫情出现后，提前进行"互联网 +"和数字化布局的餐饮企业表现出了良好的抗风险能力和市场恢复能力。"互联网 +"与产业的融合发展以及数字化、智慧化发展成了行业发展新动能。对于餐饮企业来说，有效提升自身数字化经营能力的方法到底是什么呢？其中一个重要的方式就是让企业具备线上精细化运营的能力，能够打造数字化经营链条，实现外卖和堂食的深度融合，从而提高服务效率和品质，增强市场竞争优势。

传统餐饮的管理模式属于经验型经营，而餐饮数字化则是以用户需求为核心，对产品开发、产业链条搭建、流程管理、服务创新、营销等进行数字化的经营重建。外卖业务本身就是传统餐饮企业走向数字化的重要一步，餐饮企业借助线上化的业务模式，依靠外卖平台的技术赋能，可以建构数字化的消费场景，不断完善数字化生态。

外卖运营基本涵盖了餐饮企业日常经营的方方面面，能够有效提升和优化餐饮企业数字化经营的能力，外卖运营是对传统餐饮管理和服务模式的数字化升级。数字化并不是单一的战术动作，而是一套战略体系，外卖运营就是这套战略体系的主要实践者。企业可以通过外卖业务获取流量、触达用户、打通消费场景，并以数据为关键生产要素，将数字技术与餐饮服务深度结合，优化经营结构，提升个性化、多样化服务能力。总的来说，外卖运营能够将数据、数字技术融入餐饮生产、服务及企业管理的全流程，实现业态丰富、服务创新和经营提效，为餐饮企业创造更多的经济价值。

过去，传统餐饮的店铺选址主要考量地段，菜品设计只能凭借经验；目前，依托外卖运营及相关数字化工具，大数据分析能够让商家有效锁定热门商圈及用户菜品偏好，更加精准地定位用户并获取其需求信息。在开店的经营管理过程中，从菜品制作更新、原材料采购及供应链利用到品牌传播的精细化营销等，企业可以借助外卖运营进行数字化变革，让供给与需求精准对接。

上一个阶段，餐饮行业的发展重心是在需求侧实现数字化，目前，行业的发展重心正在向供给侧的数字化快速发展迈进，传统餐饮的生产方式已经不能很好地满足新的用户需求。因此，餐饮商家需要借助外卖业务，通过外卖平台和服务商提供的一系列数字化技术和解决方案，不断提升精细化运营能力，解决原来的商业模式在坪效、时效、标准化等层面的发展痛点，实现数字化经营、专业化生产、多样化营销和智慧化服务。

2. 外卖运营是一种能力

外卖运营是通过互联网来增加线上曝光、实现平台引流，进而吸引用户访问店铺、在线上下单完成交易。这种方式具有很强的社交属性，是一种更强调用户体验兼具电商和零售业属性的新业务模式，这些特性大部分是基于互联网思维形成的，它们对从业人员提出了更专业的能力要求。

目前，餐饮业的高质量发展需要数字化人才，只有帮助从业者适应数字化变革，才能助推新经济、激发新动能、释放新红利。因此，鉴于外卖运营本身对从业者专业化、体系化的能力要求，加大力度培养外卖运营专业人才就显得势在必行，需要行业各方共同努力。

目前，餐饮行业的线上数字化运营仍处于起步阶段。美团外卖调研显示，近 90% 的商户认为餐饮线上运营需要具备专业技术和能力，现阶段餐饮商户数字化率普遍不足 10%。在此背景下，美团外卖推出了"餐饮新掌柜"计划：未来三年，发现并培养 100 万名既懂线下经营又懂线上运营的"新掌柜"，帮助商家拥抱数字化，实现利润增长。"餐饮新掌柜"具备四"新"特征。

新思维：拥抱数字化趋势，以用户为中心，对数字化经营持开放态度，愿意积极创新。

新技术：善于运用多种数字化工具实现高效经营，通过线上运营提升门店经营水平。

新模式：打造线上线下一体化经营模式，建立专业的线上运营团队及科学的流程方法。

新收入：通过线上经营获得新客群和收入增长，提升门店坪效。

餐饮经营已经进入外卖、堂食"双主场"时代，这对经营者的数字化意识和能力提出了更高要求，餐饮企业运营管理人员只有自身能力达标、外卖定位准确、掌握科学的运营方法，才能进行更好的经营。但目前，外卖运营岗位人员普遍都是从堂食业务转变而来，甚至身兼数职，缺乏外卖运营业务知识的培训。美团外卖调研显示，仅有不到30%的商户设立了全职线上运营团队及数字化考核指标，超50%的商户表示缺少专业的数字化运营人才。

针对以上商家痛点，美团联合国家人社部教培中心打造了"外卖运营师"项目，为餐饮商家数字化转型培养了专业人才。优秀的外卖运营师能够帮助餐饮商户提升数字化经营能力，更好地进行线上运营，指导餐饮商户利用外卖平台工具，提升线上曝光率和访问转化率，制定相应的策略，促进用户下单，从而实现门店经营增长。

餐饮行业中经历过线上化变革的门店，其经营管理水平、数字化水平必将因外卖行业的渗透而有所改变。外卖运营作为餐饮行业数字化转型的重要抓手，需要大量符合其能力模型要求的人才，餐饮企业应当搭建成熟且完备的外卖运营体系，实现从线上业务到线下门店改造的全面升级，使餐饮业与数字时代同行。

外卖运营方法论——"5 力 7 步 26 招"

在数字时代，线上运营能力决定了餐饮企业的"天花板"。一直与餐饮行业、与时代同行的美团外卖平台，更是密切关注整个行业线上运营能力的现状，努力为餐饮行业数字化水平的提升贡献自己的最大价值。出于这些考量，美团新餐饮研究院在白秀峰院长的带领下，对餐饮行业进行深度思考，总结出了外卖运营的"5 力 7 步 26 招"，为整个外卖运营建立了一套体系化、流程化的方法论和能力模型，成功梳理了餐饮人做好外卖业务需要具备的思维、能力和方法，帮助餐饮人有效提升线上经营能力。

"5 力 7 步 26 招"外卖运营鱼骨图（见图 0-7）主要以业务理解力、产品研发力、平台运营力、用户运营力、数据分析力为主要能力框架，搭建了线上开店—菜单设计—线上运营—出品提效—交付配送—客情维护—数据分析 7 步运营流程，并将其进行细分拆解，归纳出 26 个具体的运营实操动作。

第一步：线上开店

线上开店模块主要包括商业理解、开店流程、店铺定位、店铺装修。这一模块主要是帮助大家形成对行业及其商业模式的基本认知，让大家知道如何去了解整个市场环境和用户需求，并且熟知平台规则。此外，这部分内容也会在用户、价格、选址、产品定位等方面对店铺进行系统指导，进一步阐明线上店铺装修的基本原则。

第二步：菜单设计

菜单设计模块主要包括菜品选择、定价策略、分类排序、菜品描述。企业在正式开展线上运营前，很重要的一点是知道如何选择合适的外卖菜品，同时依据外卖业务的特性制定相应的价格策略。此外，企业还应当根据菜品结

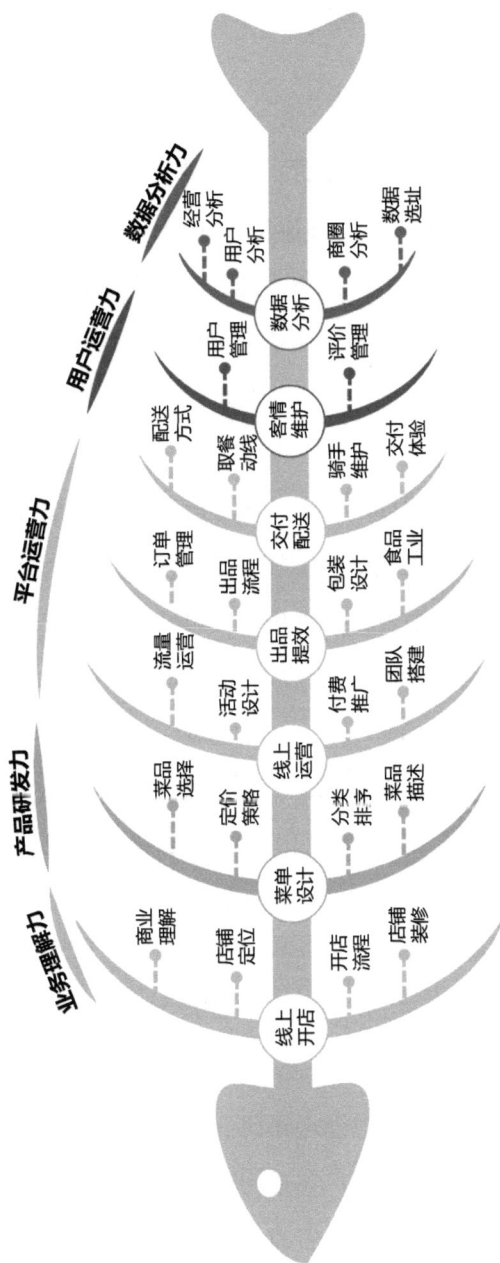

图 0-7　外卖运营鱼骨图

构，对菜品进行分类排序，并且要对每一个菜品进行有吸引力的描述或者标签打造。

第三步：线上运营

线上运营模块主要包括流量运营、活动设计、付费推广、团队搭建。线上运营是整个外卖运营中非常重要的模块，充分体现了互联网思维。在这一模块，我们重点介绍了流量运营的覆盖范围及影响因素，并且详细总结了活动设计和付费推广的方法及成功案例。此外，这部分也具体呈现了商家在不同发展阶段应该如何搭建外卖团队及其具体工作流程、绩效考核方式。

第四步：出品提效

出品提效模块主要包括订单管理、出品流程、包装设计、食品工业。数字化的主要目的是提升企业生产运作效率。这一模块会深入分析如何运用外卖运营手段来为生产提效，内容主要涵盖接单发单、快速生产及高效打包、包装设计 4 阶梯、标准化生产及供应链利用等层面。

第五步：交付配送

交付配送模块主要包括配送方式、取餐动线、骑手维护、用户体验。选择适合且合理的平台配送方式是提升配送效率的关键点。此外，如何通过外卖动线和堂食动线的合理设计有效提升出餐效率，也需要读者深入学习。本模块介绍了在外卖配送过程中，企业应当如何维护好与骑手的关系以及创造优质交付体验的具体方法。

第六步：客情维护

客情维护模块主要包括用户管理和评价管理。相比于传统餐饮，外卖业务的明显特点就是具备更多维护用户关系的通道。打造优质的用户体验，可以有效提升用户的满意度，形成优质的店铺口碑。此外，本模块还阐述了如何通过用户评价挖掘经营问题，如何回复用户评价并与用户建立链接等一系列客情维护的具体实现方式。

第七步：数据分析

数据分析模块主要包括用户分析、经营分析、商圈分析、数据选址。外卖业务能够通过线上平台及数字化工具积累大量有价值的数据。通过数据分析发现并解决问题，结合数据与调研挖掘需求、商圈及潜在用户，都需要企业进行有效的知识搭建和系统学习。

第一步

线上开店

商业理解

对餐饮行业来说，外卖是一种全新的商业模式。当开始接触外卖业务或者对外卖业务进行拓展的时候，我们该如何全面且透彻地理解外卖的商业模式呢？比如，如果您是一名线下门店的从业者，那么可能会思考以下问题。

- 上线外卖业务后，外卖到底有没有抢堂食的生意？
- 为什么同样的菜品，堂食卖得很好，但在线上外卖平台上就卖不出去？
- 每天午高峰都忙到出不来餐，关店怕影响生意，不关店又做不出来，怎么办？

类似以上的问题会在商家的整个经营过程中不断出现，会促使商家去深入了解外卖和堂食的业务模式到底是什么样的，该如何去保持这两种业务模式的平衡并做到优势互补。

1.外卖和堂食在商业模式上的差异

做好外卖运营的第一步，就是建立起对外卖和堂食商业模式的准确认识，并且对外卖和堂食的互补作用有深入的了解。外卖和堂食是相辅相成的关系，在整个经营过程中是互利共赢的。随着移动互联网技术的发展及外卖配送设施的成熟，用户的消费习惯和消费场景都发生了改变。外卖的商业模式和堂食明显的区别是外卖用户基本不会到线下门店就餐。当外卖用户产生就餐需求时，他们会打开外卖平台获取商家的相应信息，然后选择想要点餐的商家下单，用户的订单信息通过外卖平台传达给商家，商家通过配送骑手将菜品送达用户，从而满足用户的消费需求。

外卖是堂食的延伸，迎合了用户的消费需求及对消费场景的多样性要求。点外卖能够节省外出就餐成本，菜品选择更加丰富，很多年轻人已经把边吃外卖边看视频当作了一种休闲娱乐的方式。外卖满足的是那些原本就不想来堂食消费的用户的需求，因此外卖并没有抢堂食的生意。

外卖服务空间更广，覆盖用户范围更大。外卖通过配送服务拓展了堂食商圈的服务范围，堂食主要服务的是商圈 3 千米以内的用户，但是外卖可以服务商圈周边 5 千米、8 千米以内甚至全城的用户，极大地扩大了用户覆盖面。通过外卖，我们可以从一个用户身上挖掘到更大的消费潜力，门店的整体营收也会增长。

外卖可以提升坪效和人效，降低边际成本。外卖和堂食共用同一个线下门店和同一拨员工，能够有效提升坪效和人效，降低边际成本。用户的外卖点餐需求不仅在中午和晚上，早餐、下午茶及夜宵时段同样有需求，这就使得门店的闲置资源得到了充分利用。

外卖和堂食能够相互引流，有助于提升品牌影响力。用户可能会在点外卖的时候青睐熟悉或者消费过的线下门店，在堂食就餐时也会倾向于选择点过外卖的商家。外卖和堂食可以利用线下渠道和线上渠道的结合共同提升品牌影响力，建设品牌形象（见图 1-1）。

2. 外卖业务的互联网思维

外卖业务主要依托线上平台，这就需要我们建构良好的互联网思维。而其中最核心的就是以用户思维去思考问题。

在过去，餐饮企业常常用"顾客"这个词，顾客就是光顾门店的人。商家上线外卖平台后，服务对象不再局限于来门店的人，还包括那些使用外卖平台的人群，这类人群数量庞大，具有非常多的潜在需求，懂得如何满足这些用户

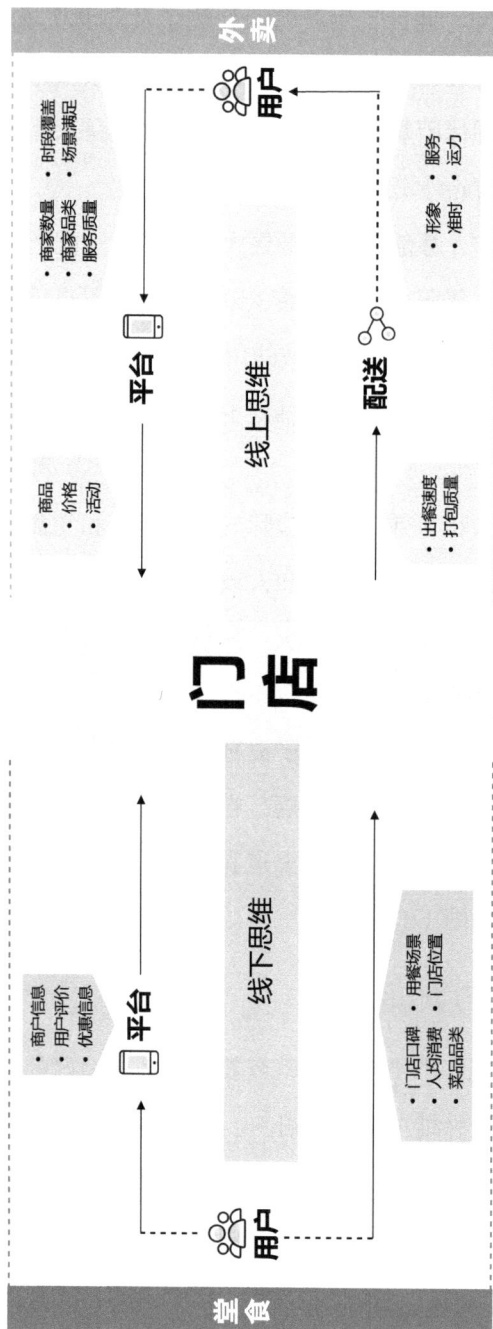

图 1-1　外卖和堂食的商业模式

的需求是商家们在线上平台成功运营的关键。因此，我们会更多地用"用户"这个词来进行思考。白秀峰院长的《餐饮新思维》一书也提到："用户本质上不是自然人，而是需求的集合。从顾客到用户，不仅仅是人群扩大了，更是表明餐饮企业要从关注消费延伸到关注需求。"（见图 1-2）

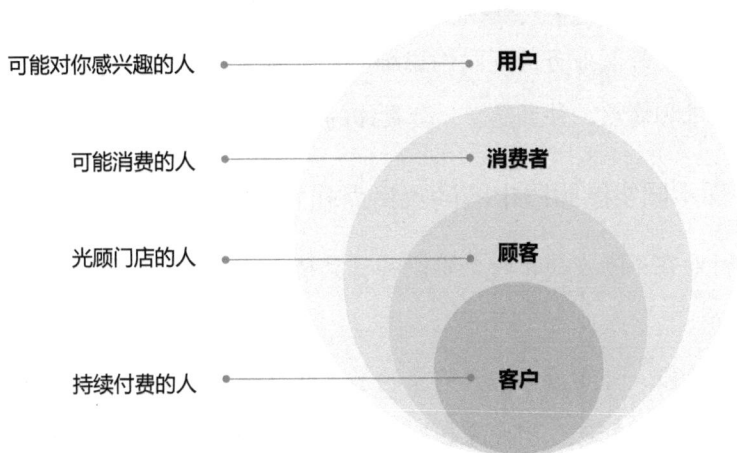

图 1-2　客户、顾客、消费者和用户关系示意图[①]

从用户思维出发，我们可以将外卖业务的运营分为具体的四个环节，分别为获取用户、吸引用户、获得收入、提升用户活跃度和留存。

获取用户环节：这个环节的关键是商家通过一定的运营方式来增加线上门店被用户看见的机会，也就是增加线上门店的曝光量，这个环节能确保店铺有接触目标用户的通道。

吸引用户环节：这个环节最重要的目的就是能够吸引用户点进店铺来浏览。

获得收入环节：当用户进店以后，商家肯定希望他能够进行消费，于是

[①] 引用自白秀峰院长所著的《餐饮新思维》中对于客户、顾客、消费者、用户的分析图。

会通过菜品的分类呈现、特价活动等方式来提升用户下单的概率，获得经营收入。

提升用户活跃度和留存环节：在积累了一定的下单用户以后，商家就要对这些用户进行维护，增加他们对店铺的好感，使其在点外卖的时候能够想起自己，提升重复购买的频率，并且向其他人推荐商家的店铺，引发用户自传播。

总的来说，外卖业务的互联网思维就是理解互联网的传播规律，从用户角度理解其需求和痛点，并且建立一套具体的线上运营流程。

3. 外卖不同发展阶段中的商家特点和分类

外卖行业在不断发展，每个阶段各有其特点。商家在不同阶段的经营模式也有所不同。

在萌芽阶段，外卖行业主要依靠的是电话订餐的模式。商家为用户提供外卖服务，需要自行配送。当商家想要通过推广活动来获取更多的用户时，一般只能借助发放传单的形式来吸引客流。

网络订餐模式的出现，催生了一批外卖商家。商家只需要负责出餐工作，送餐工作主要是由外卖平台来负责的。外卖平台也丰富了商家的推广手段，商家能够更直接地获取用户流量。

随着外卖行业愈发成熟，商家更加注重培养自身"互联网＋"的餐饮思维，对外卖业务的理解和重视程度越来越高，并且能够通过各种精细化的运营模式来推动外卖业务更好地发展，"外卖＋门店"共同发展已经成为越来越多的商家所采取的经营模式。

京味斋可以说是完整经历了上述几个发展阶段。2011 年，它通过电话订餐的方式初步尝试外卖业务；2013 年，它上线外卖平台，发展网络订餐的业务；

2015 年，它搭建外卖运营团队，重点培育外卖业务；2018 年，经过多年的发展，在积累经验的同时也沉淀了丰富的用户数据，它的外卖业务开启了精细化运营模式。

堂食是以家庭餐为主，满足用户日常聚会的社交需求，外卖则是以 1~2 人餐为主。经过测试与调研，京味斋发现外卖与堂食可以共同发展、互不影响。

对于京味斋来说，上线外卖业务不只是为了追求线上的营业额，更是一种曝光品牌的方式，它希望通过线上线下业务共同打造品牌影响力。

外卖行业的竞争日渐激烈。商家只有清楚自身在市场中的定位，才能制定合理的经营发展策略。我们依据经营能力将外卖平台上的商家分为四种类型，分别是实力型、依赖型、潜力型、无力型（见图 1-3）。

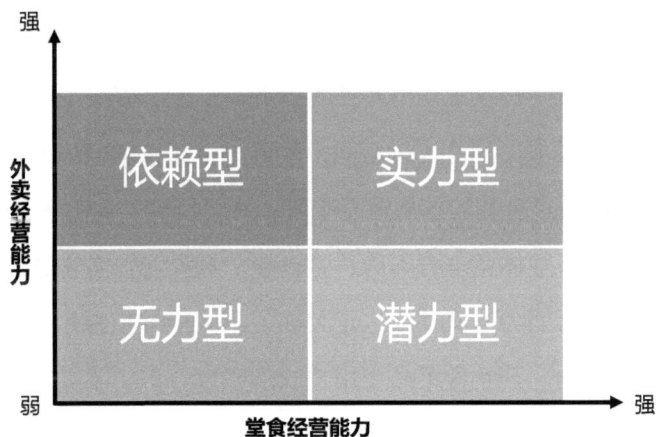

图 1-3　外卖平台商家类型

实力型商家是外卖平台上的领先者，是其他商家学习的对象和发展的目标。这类商家的特征是：对外卖业务的定位十分明确，知道自己发展外卖业务是为了什么，可占据的市场在哪里；菜品出品稳定且品质优秀，深受外卖用户欢迎；线上菜单的设计符合外卖业务的特点，能够满足不同用户的需求；后厨的出餐效率较高，可承载的订单量也比较高；商家还能够运用有效的外卖运营手段，助力外卖业务的发展，并且已经对外卖用户形成了较大的影响力。一般来说，实力型商家的堂食和外卖都做得比较出色。

依赖型商家是外卖业务的重度依赖者。外卖是这类商家重点发展的业务方向，堂食只提供基础就餐环境，或者根本就没有堂食空间。这类商家对外卖业务的定位也很明确，整体菜品的品质、出餐效率都比较高，也积累了相当多的外卖用户。由于对外卖业务的注重，线上经营也相对更专业，他们的菜单设计、运营活动等基本操作都比较驾轻就熟，能够有效利用外卖平台为自身店铺导流，提升自身的品牌竞争力。

潜力型商家的堂食业务做得比较好，但外卖业务还未深入开拓。这类商家已经具备了一定的餐饮经营实力，在菜品的出品稳定程度及品质方面都比较有优势，有较强的堂食用户基础。但对外卖业务不熟悉，线上菜单的设计不能完全满足外卖用户的需求，且外卖运营能力较弱。由于这类商家有良好的堂食用户基础，未来他们通过有效的外卖运营手段，有可能朝着实力型商家迈进。

无力型商家属于整体竞争力不高，堂食业务和外卖业务都开展得一般的商家。他们在餐饮经营能力方面存在一定欠缺，不太能够把握用户的喜好，对市场的分析也不够准确。其堂食菜品受用户欢迎程度一般，不具有和其他同类商家进行竞争的实力。在外卖业务方面，它们的定位也不明确，上线外卖可能只是为了跟随趋势，对于外卖业务的具体作用和方向并没有清晰的思考。整体来说，他们的堂食和外卖都需要好好花费一番工夫进行优化调整，培养餐饮经营的基础能力。

4. 外卖行业的基本数据维度

在对外卖业务建立了基本的认识以后，我们还需要建立一些对餐饮及外卖行业的认识，多元化丰富自身的知识结构，这样能够帮助我们去了解所处行业的发展现状，判断未来的发展趋势，寻找新的市场机会点。

当投身进入一个行业时，我们肯定想知道这个行业的蛋糕到底有多大，每年可以创造多大的经济价值，这就需要我们关注一些行业的收入数据。餐饮行业的收入数据，可以在国家统计局查询到，每月会进行数据更新；外卖行业的收入数据一般会由外卖平台或者研究咨询公司发布，可以在网上进行相关搜索。掌握这些数据之后，我们就可以对餐饮行业及外卖行业的市场规模有一定的了解。行业的收入规模越大，说明其价值和重要性越大。

此外，我们还需要关注行业中与用户相关的数据，只有多维度地了解用户，才能更好地开展我们的业务。例如用户规模、订单量、消费频次、消费场景等数据，可以帮助我们了解外卖用户的发展趋势。我们对外卖用户的年龄、性别等基础数据也要有一定的了解，还要尽可能地去掌握不同年龄用户的订单量分布、不同年龄的就餐人数、影响用户下单的因素等维度的数据，这会使我们对外卖用户的消费行为和消费心理有一定的认识。

外卖涵盖的品类众多，当我们想要进入外卖市场时，肯定想要找寻那些市场还未饱和、还存在较大发展空间的品类作为进入市场的切入点。这就需要我们关注一些品类相关的数据，包括各个品类订单量的增长情况、客单价变化情况、不同地域的发展状况等。

关于建立行业认知，除了对相关数据的了解，我们平时还要积极关注一些行业的最新发展资讯，并且多参加一些行业大会、学习论坛等，这样有助于提升我们的商业敏感度，把握市场动态，了解行业竞争态势，让自己的餐饮知识能够得到及时的更新和迭代，思维更具创新性和领先性。

店铺定位

想必大家对"定位"一词并不陌生。无论身处何种行业，在最初制定战略的时候，我们一定都会思考自身的定位。定位从对产品的定位开始，产品可以是一件商品、一项服务、一家公司、一个机构，甚至是一个人。但定位不是围绕产品进行的，而是围绕潜在用户的心智进行的。也就是说，要将产品定位于潜在用户的心智中。

对于外卖店铺来说，拥有清晰准确的定位至关重要。定位准确的商家可以极大地降低店铺的运营压力，提升整体经营效率，实现收入增长。

1. 理解外卖店铺定位

定位就是使店铺成为某个品类或者某种特性的代表店铺，让店铺在用户的心智阶梯中占据最有利的位置。这样当用户产生相关需求时，便会将该店铺作为首选，也就是说，这个店铺占据了第一定位。商家在进行店铺定位的时候，要思考清楚定位的基本逻辑，围绕定位的核心点去思考和布局。

外卖店铺定位就是要思考清楚上线外卖业务的目的是什么，是出于利润的考虑还是产能的补充？或是为了利用线上营销的优势？除此之外，商家还需要明确外卖店铺的产品要卖给谁、用户如何看待自身店铺的产品，用户为什么要购买这些产品。简单来说就是：对谁而言，我是什么，能给你什么。

通过对外卖店铺进行定位，我们能够完整地梳理市场竞争状况，透彻地剖析竞争对手，并且对市场规模有一定的认识。基于对所在品类的市场研究分析，我们能够更加容易地找到细分赛道或者创造服务差异，用更具有特点的产品和服务去吸引用户，更好地满足用户的特定需求。这其实就是为店铺塑造独特形象的过程，通过定位打造差异化产品，占领用户心智，从而提升店铺的竞争优势，增强市场竞争力。

商家根据目标市场上同类产品的竞争状况，可以针对用户对该类产品的某些特征或属性的重视程度，为自身店铺塑造强有力的、与众不同的鲜明个性，并将其形象生动地传递给用户，获得用户认同。

2. 外卖和堂食的定位差异

外卖和堂食是两种业务模式，所以在定位上也需要进行区分。堂食业务和外卖业务在发展重心、成本结构、策略布局等层面都存在差异，需要依据各自的经营特性来设定合理的定位。此外，商家还要充分发挥外卖业务和堂食业务互为补充、相得益彰的作用。

堂食主打的是线下消费场景，用户需要到店享受餐饮商家提供的菜品及相关服务。外卖主打的是线上消费场景，用户通过即时配送服务能够在家就享受到餐饮商家提供的菜品及相关服务。对于餐饮商家来说，堂食业务的布局可能有一套逻辑，而外卖业务的布局又是另外一套逻辑，这都需要根据商家整体的经营目标来进行划分和设计。

商家在进行定位的时候，一定要思考清楚堂食业务和外卖业务的打法及各自的侧重点，并且对两种业务之间的互补关系也要有清晰的认识，这样才能充分发挥堂食和外卖业务的不同优势，为自身经营赋能。

堂食定位需要商家结合自身的品牌风格、门店选址、人群特质、菜品特色等去综合考虑，充分挖掘门店现有的竞争优势，塑造品牌差异性，有效占据用户心智。在很多商家眼里，在整个餐饮经营中，堂食是主要的营收来源，能够更直接地为用户提供服务和体验。因此，堂食业务的布局和定位尤为重要，它为品牌的塑造和传播发挥着不可替代的作用。堂食业务所面向的人群、提供的消费场景、所在的商圈类型等都会影响这家门店的整体定位。同样，商家也要根据最初的定位设想去思考堂食业务的整体布局，形成统一的策略布局和门店定位。

外卖定位需要商家思考清楚外卖业务的作用，并且懂得如何有效建构外卖业务和堂食业务之间的关系。在有些餐饮商家的认知里，外卖是堂食的补充，外卖主要为堂食导流，商家重点考核"外卖＋堂食"的综合收入情况。而在有些餐饮商家的认知里，外卖和堂食是各自独立又相互补充转化的协同业务，外卖和堂食需要运用不同的经营思路。外卖走量满足线上需求，堂食做品牌和服务满足目标客户的线下需求。除此之外，商家在做外卖业务定位的时候，同样要思考业务所面向的人群属性、消费场景、服务商圈等，提升定位的精确性。

在不同的业务模式下，堂食和外卖的定位会有显著的差异。商家可以通过不同的经营抓手，有效实现自己的整体经营目标。这里需要注意的是，堂食和外卖在定位上虽然有区别，但是它们都隶属于同一餐饮品牌，是需要保持一定的统一性的。商家需要在品牌风格、产品包装等层面上，使堂食和外卖业务符合整体的品牌特质，保证餐饮品牌整体的定位有效实施。

3. 外卖店铺定位的维度

定位是关于产品与用户之间关系的一系列思维链条，企业需要围绕用户洞察、产品价值和产品所提供的终极利益三者之间相互补充的关系详细思考整个消费转化路径。对于餐饮商家而言，定位不是去创造某种新的、不同的事物，而是去影响用户心智中已经存在的认知，去重组已存在的认知。

定位的基本方法可以分为四个模块，首先是分析内外部环境，其次是确立品牌的优势位置，再次是建立用户信任，最后是将定位植入用户心智。按照这个逻辑，我们立足于外卖业务，可以将店铺定位的维度分为选品类、选人群、定价格、做产品。

（1）选品类

选品类是一个梳理战略并发现新机会的过程。但是对于外卖业务来说，还要分成两种情况来看。如果商家已经有堂食业务，需要新上线外卖，那么外卖主打的品类可能会主要参考堂食业务，并根据线上业务的特性，进行一定的调整。如果商家是同时开创堂食和外卖业务，那么品类的选择则需要将两个业务结合在一起考虑，并进行差异化的定位。

这里我们重点讲述商家在同时开拓堂食和外卖业务时，该如何进行品类选择。

商家在选品类的时候，要做的第一件事情就是去分析现有市场的竞争情况。商家要学会通过一系列的数据和调研去判断哪些品类存在市场进入机会，哪些品类是当下比较火热、颇受用户欢迎的等，去寻找新的市场空间。

在开创新品类的时候，商家在具备冒险精神的同时也要有一些降低风险的方法。可以采用小规模试错的方式，先找到新品类的种子用户，在比较小的范围内去测试新品类的市场接受度和成功概率。

但这里需要强调的是，开创新品类不是唯一的战略选择。在众多品类中，依旧存在空白定位的机会，我们可以寻找同一品类下潜在的发展机遇，充分挖掘品类经济价值。

（2）选人群

在外卖店铺定位中，选人群是一件非常重要的事情。选人群就是为店铺挖掘需求、建构服务场景的过程。用户决定店铺的经营状况，通过合理、系统的用户分析，商家才能知道不同的用户有哪些需求，他们的消费能力如何，这些与用户切身相关的信息都影响着他们最终的购买决策。

商家要根据店铺的整体定位，选择自身所要服务的消费人群。不同的人群有不同的消费习惯和需求，对不同品类的偏好也存在着显著的差异。其实，选品类的过程也是选用户的过程，两者缺一不可。商家要学会从用户角度出发，分析产品的市场价值和盈利空间。

选人群实质上也决定了店铺所能覆盖的用户数量。如果店铺所能服务的用户数量可以得到保证，消费频次得到充分提高，那么店铺营收也会显著提升。

这里需要注意的是，选人群也需要考虑文化因素。不同的城市和地区文化习俗存在一定差异，商家要学会因地制宜。

（3）定价格

产品价格对于店铺定位有着显著的影响。所谓定价格，就是商家想要把产品、服务的价格定在一个什么样的水平上，这个水平是与同类的市场竞争者相比较而言的。

价格定位一般有三种情况：一是高价定位，即把产品价格定得高于竞争者的产品价格，这种定位一般都是借助良好的品牌优势、质量优势和服务优势来实现的；二是低价定位，即把价格定得低于竞争者的产品价格，但这种定位并非意味着商家的产品质量和服务不如竞争者，可能是商家具有绝对的成本优势或者为了提升市场竞争力；三是市场平均价格定位，即把价格定得与市场同类产品的平均价格持平。

一般来说，外卖用户在消费时会比较看重性价比。不同的消费群体，对于味道、搭配、分量、价格等因素会有不同的看法。因此，外卖店铺在定价格的时候，要充分考虑目标用户的消费习惯。

（4）做产品

做产品指的就是商家应该打造什么样的产品来满足目标用户或者目标市场的需求。产品是餐饮企业的核心竞争力，产品的优质程度影响着用户对店铺的信任和接受程度。如果产品选择得不好、口味不稳定，那么做再多运营动作都是白费，甚至还会对品牌产生负面影响，即使后期进行改进也很难再获得用户的信任。

商家在打造外卖产品的时候一定要考虑到线上业务的特性、目标人群的需求等。一般来说，外卖的产品重点为：爆款产品＋新产品＋招牌／特色产品。爆款产品注重引流，新产品能维持店铺老客户的新鲜感，保持他们下单的频次，而招牌／特色产品呈现则涉及菜品的色香味和外卖包装，这些都能够为店铺塑造优质的品牌形象。

总的来说，商家一定要在目标用户心目中为产品赋了一定的特色，建立一定的形象，以满足用户的需要和偏好。此外，产品不是一成不变的，商家是需要根据店铺的不同发展阶段等因素进行调整和创新的，这样才能提升店铺产品的竞争力，充分满足市场的需求和变化。

开店流程

对所处的行业及外卖业务有了深入的了解，也对自己店铺定位有了明确的认识，清晰自己上线外卖业务的目的及想要实现的目标以后，商家就能真正开始开展外卖业务了。目前，商家基本都是借助外卖平台来开展自身的外卖业务，外卖平台通过提供成熟的服务和有力的技术支持，能够为商家外卖业务的顺利开展提供极大的帮助。

外卖平台属于互联网技术的产物，那么我们如何在外卖平台上把自己的店铺开起来呢？在外卖平台上开店都需要哪些资质？我们该做哪些准备？入驻外卖平台的流程是什么？操作会不会很复杂？一开始我们心中可能都会有这样的疑问，下面以美团平台为例，让我们一起来了解一下开店流程。

门店入驻是外卖商家入驻平台的第一步，商家需要上传店铺运营所需的相关信息，完成店铺信息注册，建立店铺档案。所有符合注册要求，即拥有美团账号及完整营业资质的商家都可以自由申请入驻。在美团外卖平台上，商家从申请至上线营业共需完成 5 个步骤，具体如下。

1.注册账号：在美团外卖 App 端申请开店。

2.填写申请：准备门脸照片、店内环境照片、法定代表人身份证正反面照片、营业执照照片、许可证照片。

3.等待审核：资料上传无误后，提交资料，等待平台审核。如被驳回，商家须按照要求整改，然后继续提交审核。

4.短信签约：审核通过后，法定代表人的预留手机号会收到签约短信。按照链接可以获取验证码并签约，签约完成后，手机上会收到账号、密码。

5.店铺上线：下载美团外卖 App 或者 PC 端软件，登录，完成商品编辑，提交审核上线。

App 端操作流程

（1）注册账号：进入美团外卖开店申请首页时，默认会先进入手机号注册页，商家须输入手机号获取验证码，填写验证码并提交完成注册。注册成功后，系统会向注册手机号下发账号和密码，请注意查收。

注意：商家可通过手机号验证码方式或账号密码方式登录，进入开店申请首页（见图 1-4）。

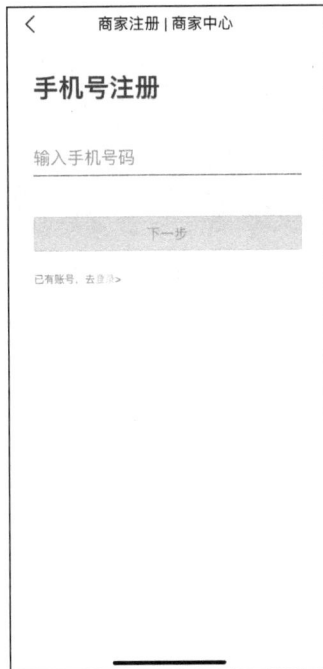

图 1-4　手机号注册页

（2）品类选择：登录后，选择门店主营、辅营的品类（见图 1-5）。

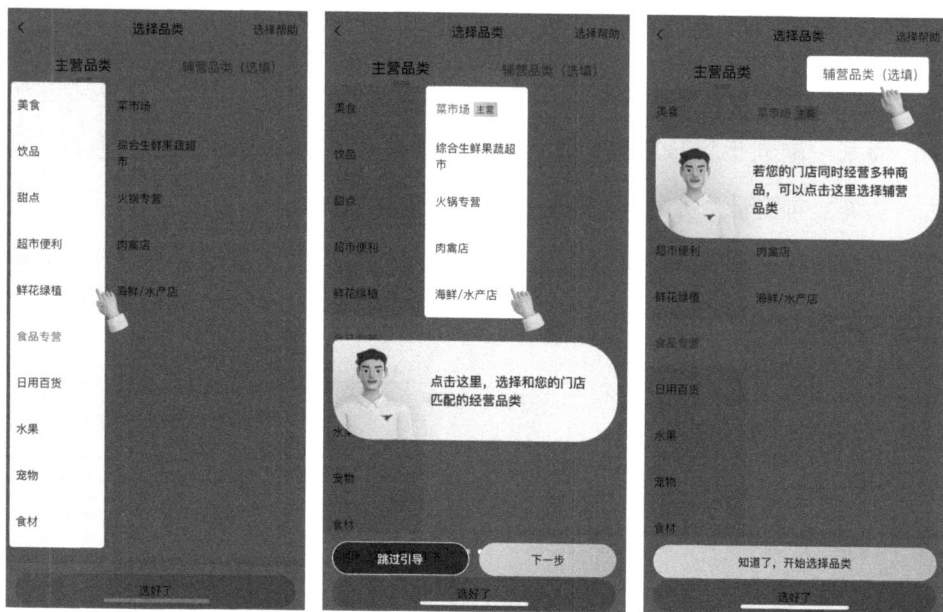

图 1-5 品类选择页面

（3）图片准备：选好主营、辅营品类后，将前文介绍的开店所需的 6 张图片材料准备好，确认资料齐全后，可直接点击按钮，进入下一页（如图 1-6 所示）。

所需图片主要包括：

• 门脸照片

• 法定代表人身份证正面照片

• 法定代表人身份证背面照片

• 店内环境照片

• 许可证照片

• 营业执照照片

图 1-6　开店注册所需图片

（4）上传资质图片，填写地址：该阶段商家需要上传营业执照、许可证等资质文件照片；填写店铺地址时，可通过地图点选，确认店铺的准确地址，地图支持缩放（见图 1-7）。

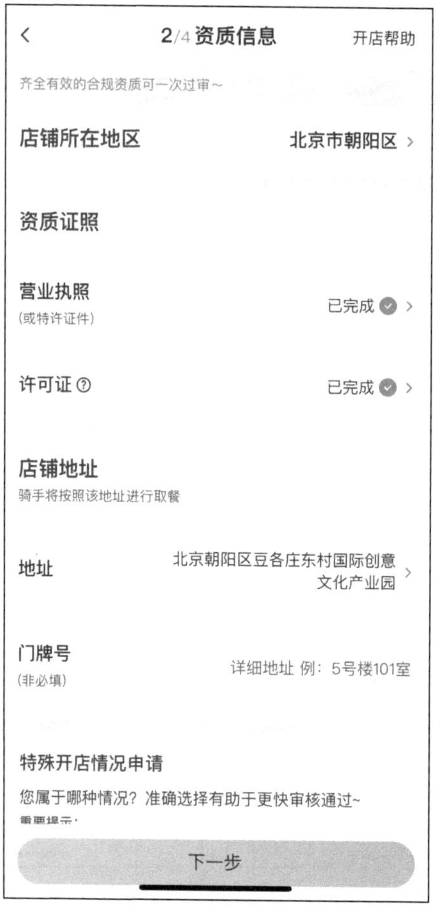

图 1-7　上传资质证照照片，填写店铺地址

（5）填写法定代表人信息：这一步需上传法定代表人的身份证正反面照片并完成实名认证（见图 1-8）。

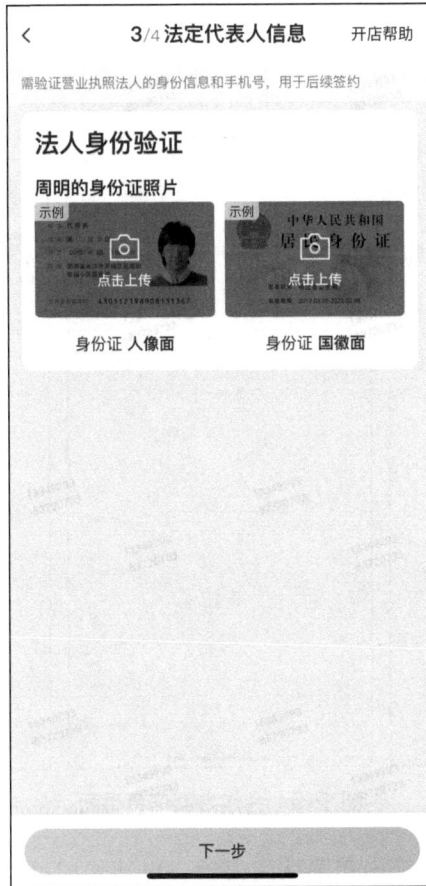

图 1-8 法定代表人信息页面

（6）合作方案：选择店铺的外卖配送方式，即"美团专送""美团快送"或"自己配送"，不同的配送方式会有配送效率与佣金的区别。注意：这部分内容我们在交付配送的相关章节中会具体讲解，商家开店后仍可申请修改配送方式（见图1-9）。

图 1-9　合作方案信息页面

（7）完成提交：全部内容确认无误后，申请者即可提交信息，审核结果将会以短信形式通知。如通过审核，申请者将会收到店铺签约短信，签约完成后，申请者将会收到登录账号密码并可开始进行营业设置；如审核未通过，平台将会告知未通过原因，申请者可在修改后重新提交。申请者还可至首页查看提交结果并调整（见图 1-10、图 1-11）。

图 1-10　提交页面　　　　图 1-11　重新提交页面

3. 入驻过程中的常见问题

（1）注册账号·如果商家的账号曾经在美团外卖开过店，注册时，页面会
提示已经注册过。此时，商家仍可使用本账号申请开店，无须重新注册账号。
美团外卖账号可分为多店账号和单店账号。单店账号由系统自动下发，开店申
请审核通过且商家成功签约后，系统将自动下发新开门店的单店账号，该账号
只能用于该新开门店的经营管理。多店账号由商家自己创建，商家申请建店时
创建的账号，既可申请开店，又可经营管理所有通过该账号创建上线的门店，
多店账号可创建多个开店申请。

（2）门脸图和店内环境图：要在营业时拍摄，需要按照图片的拍摄要求，
防止后续被驳回。门脸图的拍摄图片要清晰、明亮，包括完整的匾额及正门。
不可用图片处理软件处理，包括拼图、马赛克及 Photoshop 修饰等。不可用网

络图片、手机截图，不能有水印。商家需要有固定的经营场所，不可以无堂食环境或无正规牌匾，不可为流动餐车或者无固定门店。此外，不同的商家不可使用同一门脸图片。

（3）店铺名称：不可备注宣传语，如"十年老店""全城配送""满减活动"等信息。商家名称不得侵权、使用非授权品牌名称及关键字字眼。名称中不允许出现侮辱性、敏感性及不雅词汇。如果店铺名称、店铺 LOGO 尚未获得注册商标使用权，那么禁止与已注册的知名品牌同名或近似，若有品牌证明，直营门店要提供商标注册证书，被授权门店要提供商标注册证书及商标授权书。商家可在店名后面添加内容备注，括号里的内容备注只能是分店信息或者门匾上出现的菜品信息。

（4）资质信息：营业执照和餐饮服务许可证要在有效期内。商家要将营业执照和餐饮服务许可证边框拍全，证件上的文字信息要清楚，肉眼可辨认，营业执照还需要露出国徽。商家优先提供原件的照片，如果是复印件的照片需要加盖公章。缺少资质的商家无法通过平台审核，需前往当地工商管理部门或食药监局办理。当需要修改资质信息时，商家需使用账号密码登录美团外卖商家版进行修改，修改后，将进入业务审核阶段，审核通过后方可生效，所以需谨慎修改。

（5）签约短信：开店申请审核过程中，平台会向商家在店铺信息中填写的联系电话发送签约短信，签约短信是有时效性的，从商家接收到短信开始，24小时内有效，失效后的短信无法执行签约，商家可拨打10105557向客服反馈说明情况，平台会向商家重新下发签约短信。开店申请审核过程中，商家将会收到签约短信，若未收到签约短信，可参考以下方式。

①若审核状态为通过，商家仍未收到签约短信，请核对开店申请的法定代表人信息中实名认证时银行卡的预留手机号是否填写正确。若错误，请拨打

10105557 联系商家客服修改。

②若审核通过且电话填写正确，请确认电话号码是否欠费。

③若审核通过，电话号码正确，电话通信服务正常且未欠费，可检查手机的安全管家或安全防护软件，是否将签约短信拦截。

④若还未解决问题，可拨打 10105557 联系商家客服反馈相关问题，请根据客服提示，进行相关操作。

（6）账号密码：商家提交开店申请后，审核人员会按模块进行审核，当某些特定模块审核通过后，将下发签约短信，其他模块会继续审核，因此，若商家成功签约，但是未收到账号密码，则说明开店申请还有部分模块未审核通过，请商家耐心等待。如果忘记账号和密码，可在登录注册页面点击"已有账号，去登录"，选择"忘记账号和密码"，根据页面提示，找回账号密码。

4.外卖相关法律法规知识

我们在开店的时候，除了要了解开店流程，能够成功进行线上操作，还需要具备一些基本的法律法规知识，确保自己合法经营。

《食品安全法》重点包含食品安全标准、食品生产经营、食品安全事故处置、食品检验、食品安全风险监测和评估、监督管理法律责任等内容。

《食品安全法》第 148 条第 2 款规定：生产不符合食品安全标准的食品或者经营明知是不符合食品安全标准的食品，消费者除了可以要求赔偿损失外，还可以向生产者或者经营者要求支付价款的十倍或者损失的三倍的赔偿金；增加赔偿的金额不足一千元的，为一千元。

2019 年 6 月 17 日，原告在外卖平台的比萨店点餐后，在用餐过程中发现餐品中混有苍蝇，原被告双方就赔偿事宜协商未果，举报到监管部门。

7 月 25 日，监管部门就上述餐品中混有异物事项对被告作出行政处罚。后原告起诉至法院，主张食品不符合安全标准，要求被告"退一赔十"。

法院经审理认为，现原被告双方均确认原告就餐餐品确实存在质量问题，故依法予以支持原告"退一赔十"之诉请。

《电子商务法》中有 16 条规定是关于商家责任义务的，归纳起来有以下 9 个要点：依法办理主体登记，依法取得相关行政许可，依法纳税，依法提供发票等购物凭证，销售商品或服务符合保障人身、财产安全要求，信息公示义务（包括资质信息及更新，营业终止信息），披露商品或者服务信息，依承诺或约定向消费者交付商品或服务，及时退还消费者押金，用户个人信息保护义务，依法向主管部门提供电子商务数据信息。

某麻辣烫店上线外卖平台后，未及时公示营业执照和食品经营许可证，依据《电子商务法》，被监管部门罚款 1 万元。

《反不正当竞争法》对市场竞争准则做出了法律层面的规范。不正当竞争的 7 种典型行为包括：混淆行为，商业贿赂，虚假、引人误解的商业宣传，侵犯商业秘密，不当有奖销售，损害竞争对手的商业信誉、商品声誉，妨碍、破坏他人合法网络产品 / 服务正常运行。

2019 年 8 月 26 日，某品牌鲜花店因刷单收到了市场监督管理局（以下简称"监管局"）出具的《行政处罚决定书》。监管局认为，鲜花店通过虚假交易的行为为店铺提升商业信誉，违反《反不正当竞争法》规定，属引人误解的商业宣传行为。

按规定，监管局责令鲜花店停止相关刷单行为，并对其做出罚款 12 万元的处罚。

刷单的法律后果包括：最高 200 万元罚款以及吊销营业执照，所签委托刷单合同无效以及没收款项；情节严重的，构成违法经营罪，面临 5 年以上有期徒刑并处违法所得 5 倍以下罚金及没收财产。

《价格法》为商家合理定价提供了法律参考。商家的 8 类典型价格欺诈行为包括：虚构原价（原价从未交易过）；谎称降价，但实际未降价；标价优惠与实际不符（标价有优惠，实际结算无）；低标高结（浏览页与结算页不一致）；不履行价格承诺（全场 5 折，但实际只有部分 5 折）；虚假优惠折扣（标注 8.5 折，计算后为 8.6 折）；虚假特价；不标示或含糊标示附加优惠条件（如优惠时间、条件未写）。

某品牌日式料理店，在店内菜单中标记"店长推荐特色套餐原价 858、特价 668"，同时还在店铺门外宣传海报中标注"原价 336、特价 168"等内容。

监管部门经查证：该店从开业至今的交易流水中未发现上述内容中按"原价"成交的记录。该店的行为最终被监管机关认定为虚构原价、价格欺诈，该店被处罚款 5 万元。

《广告法》对营销宣传活动做了严格的法律规范。典型广告违法行为包括：虚假广告；违背国家大政方针的广告；损害国家利益和尊严的广告；违背社会良好风尚的广告；有绝对化用语的广告；侵犯第三方合法权益的广告（肖像、商标、著作权侵权）；普通商品被宣传有保健功能，或有疾病预防、治疗功能。

某品牌拌饭外卖店，在其销售的"招牌肥牛拌饭"及"大酱肉汤"产品宣传页面上使用了"最受欢迎肥牛拌饭"及"最经典的、最传统的韩餐汤品"的宣传用语。

该店的行为最终被监管机关认定为"在广告中使用绝对化用语"，该店被处以 2 万元罚款。

《民法典》主要针对商家履约行为作出了法律规范，其第一百一十九条规定：依法成立的合同，对当事人具有法律约束力。

商户无合法理由擅自取消用户订单，不仅应向用户赔偿损失，还会受到平台处罚，因此商户要根据自己的餐品供给能力，合理规划并设置好出餐时间、配送范围，避免因无法完成而取消用户订单。

《消费者权益法》能够为商家处理用户售后问题提供法律参考。其规定经营者有 10 项重点义务：依法履约义务及接受监督义务；人身财产安全保障义务；产品召回义务；真实信息告知义务；出具单据义务；质量保障义务；不得侵犯消费者人身权义务；不得单方做出对消费者不利规定义务；七天无理由退货义务；合法收集、使用个人信息义务。

某品牌奶茶门店现制现售并宣称"无糖"的多个奶茶产品，经监管部门进行现场抽样后送检。检验报告显示，送检产品每 100g 的总含糖量均在 3.6g~6.1g 之间，与宣称的"无糖"不符。

监管部门认为：当事人未能真实全面地告知消费者饮品中的糖分信息的行为违反了《消费者权益保护法》的相关规定，侵犯了消费者的知情权。因此，监管部门以对商品或服务作虚假或引人误解的宣传，对该奶茶店做出罚款 3.4 万余元、没收营业所得近 7000 元的处罚。

《商标法》主要是保护商家品牌的相关权益。典型的商标违法行为包括：假冒他人注册商标；销售侵权注册商标的商品；在宣传活动中使用"驰名商标"字样；把禁用文字、图形及其他标记作为商标使用；自行改变注册商标标识并使用。

店铺装修

外卖平台上商品品类繁多，用户在挑选的过程中，很容易出现选择困难症。目的性强的用户会提前决定好自己要吃什么，能很快找到想要的品类店铺进行购买，目的性偏弱的用户则会在平台上不断挑选，直到找到能吸引自己的店铺。不管哪种用户，在挑选的过程中都会被视觉效果所影响。而店铺的视觉效果主要从店铺装修上体现。

外卖店铺装修从来都不是一个面子问题，而是一门消费心理学。商家列表中展现的店铺形象，往往决定了其能否在第一时间吸引顾客的注意力，好的店铺装修能提升顾客入店以及下单转化率。基于此，我们就来看看如何通过改变店铺的颜值来提升下单转化率。

1.外卖平台店铺装修的定义

店铺装修是商家通过后台的功能模块设置，对店铺进行有目的性的视觉呈现设计，其体现在用户点餐的门店界面，起到展示品牌形象、提高品牌识别度、实现信息传达的目的。

商家如何在更多的竞争对手中快速获取用户？一个破局的思路是：颜值决定第一印象。在餐饮行业，店铺形象是商家与新客人交互的第一步。

那些能在线下看到店铺装修、感受到店铺服务的用户，在线上只会用几秒钟的时间扫描店铺。如何在这几秒时间内吸引他们的注意力，极为关键。

这种情况下，外卖店铺的品牌形象就显得极为重要，如果无法靠醒目的视觉形象被用户注意到，那么店铺将很难获得流量及转化。

外卖店的门面是否需要调整优化，商家可参考门店转化率、商圈同行的平均水平。如果门店转化率比商圈均值低，那么很有可能外卖店"门面"有问题。

通常来说，外卖平台店铺装修所涵盖的范围主要包括店铺头图、店铺招牌、菜品图片、店铺海报。商家需要对这几个板块进行有规划性的设计，塑造店铺整体形象。优质的店铺装修和良好的店内视觉效果，能够使店铺在同类门店中脱颖而出，更加吸引用户注意力，增加其消费的可能性（见图 1-16）。

图 1-16　外卖平台店铺装修的范围

2.外卖平台店铺装修的目的及原则

店铺装修的一个重要目的就是树立和展示品牌形象。品牌形象是指门店在市场上、在用户心中所表现出的个性特征，它体现了用户对门店的评价与认知。品牌形象可以体现在商品图片、店铺海报、店铺招牌等设计上（见图 1-17）。

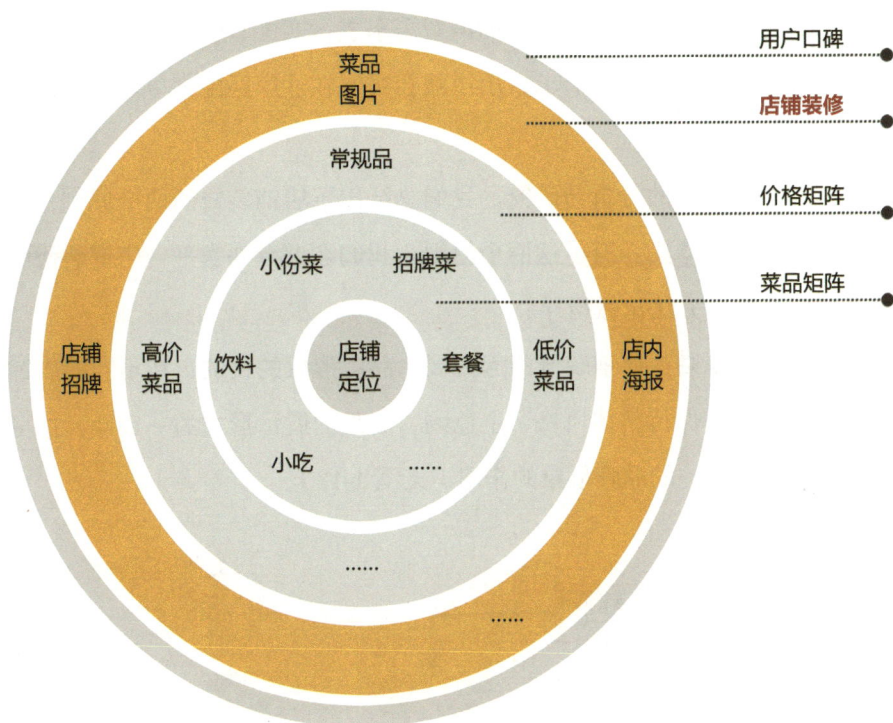

图 1-17　店铺装修重要性示意图

　　一个良好的品牌形象，可以使用户产生积极的心理效应，用户会更容易对其商品进行购买并给予更高的评价。如果门店的形象在用户脑海中形成了积极的印象，那么在产生消费需求时，用户会自然而地想起该门店。形象是品牌的根基，所以餐饮门店必须十分重视对品牌形象的塑造。

　　此外，店铺装修的另一个重要目的就是实现信息传达。店铺装修设计需要通过文案、图片、色调三大元素构成图像展示给用户。图像是最简洁、最迅速的视觉语言，也是最容易被识别和记忆、最具表现力的视觉语言。所以店铺装修可有效地向用户传达商品信息、优惠信息等。

　　信息是最重要的下单决策依据，用户在浏览外卖平台上的各种店铺时，就是在进行信息搜集，来和心中产生的消费需求进行匹配，哪家店铺的整体信息呈现更能够契合自己的心理需求，用户就会决定在这家匹配度更高的店铺下单消费。

根据对众多案例的分析与研究，我们总结出了店铺装修的两个原则：一致性原则和表达清晰原则。有了这两个原则，我们在进行外卖平台店铺装修的时候就能够有基础的方法论做指导。

（1）一致性原则：店铺装修能起到展示品牌形象的目的，在不同的店铺装修板块，商家需要保持整体风格、主色调、商品的展示形式的一致性，这可以起到向用户输出统一的品牌形象的作用（见图1-18）。

图 1-18　店铺装修的一致性原则

一致性原则是在店铺装修中极为重要的一项原则。店铺装修风格统一，可以减少用户的认知负担，能够让用户感觉到便捷和舒适，减少商家与用户之间的沟通障碍。在设计店铺装修的重要板块时，商家需要采取相似的元素，以相同的设计风格达成视觉效果的一致性，并且提升店铺设计的美观性。

（2）表达清晰原则：在界面美观的同时，商家可以结合运营目的，通过店铺装修模块，满足用户对信息直观的了解，同时实现信息传播最大化（见图1-19）。

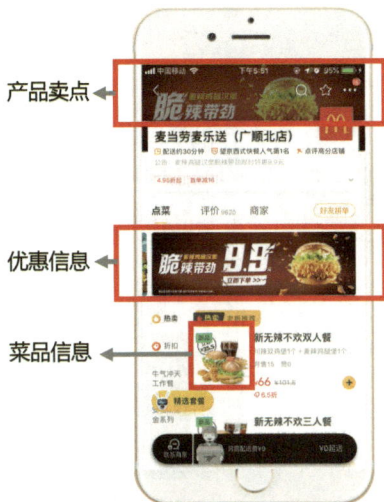

图 1-19　店铺装修的表达清晰原则

店铺装修的主要作用就是向用户传递店铺的各种信息，能够让用户从多维度了解店铺，产生消费的欲望。例如，在店铺装修中，要将产品卖点、优惠信息、菜品信息都十分清晰地呈现出来，让用户能够明白店铺的产品定位、主打菜品、价格情况等，便于用户进行参考决策。

3. 外卖平台店铺装修的方法及实践

（1）店铺头图

店铺头图是外卖店铺的标志，是商家向用户传达品牌形象、经营理念和主营品类的重要途径，也是用户了解商家的第一步（见图1-20）。

图 1-20　店铺头图

　　店铺头图设计是店铺装修的首要任务，因为头图展示在用户进店前，其设计的好坏会最先被用户感知，所以将直接影响用户的"进店率"。

　　店铺头图的设计应该遵循三个标准（见图 1-21）。一是 LOGO 图案中要能看出店铺的主营品类，让用户能够一目了然地知道店铺经营的品类是什么，减少信息判断成本；二是 LOGO 的背景色要突出，鲜艳的颜色更能够吸引用户的注意力，增加用户入店的概率；三是头图的设计中要包含店铺名称，这样能够直观地告诉用户店铺的名称是什么，加深用户对商家的了解。

1. 要能从LOGO图案中看出
门店主营品类

2. LOGO背景色要鲜明

3. 加上门店名称

图 1-21　店铺头图设计三要素

外卖 LOGO 设计不同于一般的商品设计，一般商品的 LOGO 设计意在给用户留下品牌印象，比如阿迪、耐克这种，用户看到标志就会联想到对应的品牌。而外卖店铺上的 LOGO 除了加强品牌印象外，还有一个很重要的功能就是诠释品类，通过图片形象直接地向用户展示你是卖什么的。

对不同类型的店铺，我们可以采取不同的设计策略。

例如对于拥有的线下门店在当地小有名气的店铺可以采用强调品牌名称 LOGO 的方式来吸引用户在浏览列表时的注意力。

而对于知名度不高的新店或者纯外卖店，为了提升用户进店率，商家可以把店内的主打产品和店名结合，让别人一看 LOGO 就知道店铺是卖什么的。此外，因为外卖平台的背景色是白色的，如果 LOGO 的背景颜色为纯白或者太浅的话，给用户的视觉刺激就会不够，很难引起用户注意。因此，我们在设计店铺头图背景色的时候，可以选择较为鲜明突出的颜色，这样能够有效提升整体的展示效果。

山野人家的运营负责人就曾经举过一个例子。

两年前，他们的外卖运营人员发现其门店的进店转化率一直很低，为此做了很多活动的调整，包括满减、配送等，效果都不是很明显。经过讨论后，他们认为是品牌 LOGO 不够显眼，所以决定换一个（见图 1-22）。于是他们设计了 9 个版本，经过 AB 店测试，图 1-22 中右侧中间的版本入店提升效果最佳，被确定为了最终版本。

图 1-22　山野人家店铺头图迭代过程

　　店铺头图的设计必须遵循国家相关法律规范，其中包括：

　　禁止使用同中华人民共和国的国家名称、国旗、国徽、军旗、勋章相同或者近似的文字或图形，以及同中央国家机关所在地特定地点的名称或者标志性建筑物的名称、图形相同的图案；

　　禁止使用同外国的国家名称、国旗、国徽、军旗相同或近似的文字或图形，但该国政府同意的除外；

　　禁止使用同政府间国际组织的名称、旗帜、徽记相同或近似的文字或图形，但经该组织同意或者不易误导公众的除外；

　　禁止使用与表明实施控制、予以保证的官方标志、检验印记相同或近似的文字或图形，但经授权的除外；

　　禁止使用同"红十字""红新月"的名称、标志相同或者近似的文字或图形；

　　禁止使用带有民族歧视性的文字或图形；

　　禁止使用夸大宣传并带有欺骗性的文字或图形；

　　禁止使用有害于社会主义道德风尚或者有其他不良影响的文字或图形。

（2）店铺招牌

店铺招牌是店铺的宣传方式之一，属于线上门店装修的一个子功能。用户在门店页面的顶端看到的装修背景图，即为店铺招牌。与众不同的店铺招牌可以帮助店铺营造店内氛围，打造统一的品牌形象。

店铺招牌位于外卖平台的门店页面最上方，并附上一层蒙版处理。这部分图片的作用是："营造氛围、打造质感"。店铺招牌是商家容易忽略的一个地方，甚至很多门店根本就没有店铺招牌。虽然这个图片很不起眼，但是对于店铺完整度和美观度有很重要的作用，它会润物细无声地烘托外卖门店的氛围。平台上所展现的店铺招牌主要包含以下几点：主色调、店名、LOGO、辅助图案、公告以及促销信息等，这些能够让用户大致了解店铺的情况。

因此，店铺招牌不仅可以把店铺的招牌菜品展现出来，还可以用合适的图片和海报底图搭配，以及店铺 LOGO 的制作和放置，在提高店铺招牌美观的同时更加吸引顾客（见图 1-23）。

图 1-23　店铺招牌

店铺招牌的设计需要遵循三个设计思路。一是突出品牌背书，背景图采用自家主打产品元素作为烘托，添加宣传语；二是突出可信度，背景图采用线下门店头图，在一定程度上可以增加用户对店铺的信任度；三是突出营销活动，引导用户收藏店铺，为用户再次消费做引导（见图 1-24）。

图 1-24　店铺招牌设计遵循的三个设计思路举例

店铺招牌的基本作用是宣传店铺品牌形象、产品卖点等，也可以作为一种新的营销手段。商家可以根据自己的需要，选择适合的图片。因为店铺招牌是外卖门店顶部的展示区域，建议不要用白色和淡色背景，用深色背景更佳，以免影响门店基本信息的展示。店铺招牌图片上不宜有过多的文字，突出品牌格调和特色产品即可。此外，店铺招牌还可以作为引导用户关注收藏门店的指示牌，店铺的用户收藏率也是平台提高门店排名的加权项之一，并且，店铺被用户收藏后，有助于提升复购率。

店铺招牌支持上传自有图片和在线制作，修改后重新提交的审核会在 3 个工作日内完成。处于审核中的招牌不支持修改，审核通过后自动生效。付费购买的招牌模板永久有效。此外，招牌图片格式支持 JPG/PNG，长 × 宽不得小于 750×288 像素。

（3）菜品图片

菜品图片是向用户传递商品信息的重要方式，用户可以从菜品图片中接收到关于该菜品的信息。

对于外卖来说，一张好看的菜品图片就是敲门砖，有助于吸引用户下单。外卖不同于堂食，外卖用户看不到店内实景、体验不到具体的服务、感受不到精心设计的用餐环境，用户在下单前要了解店铺的信息，很大程度上依赖于在线上浏览的图片和文字。

菜品是餐饮行业的核心竞争力，好菜讲究"色、香、味"俱全，好的菜品图片也可以有效地引发用户的食欲从而提高用户在外卖店铺的下单转化率（见图 1-25）。

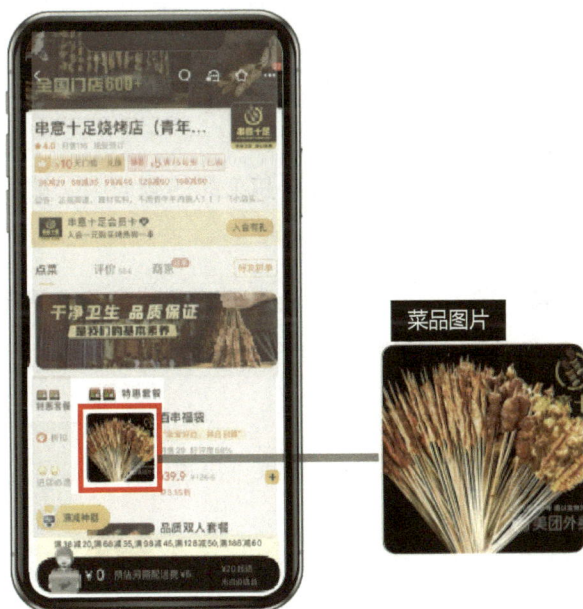

图 1-25　菜品图片

菜品图片的设计可以分为以下几步。

第一步，要选择合适的拍摄视角。不同角度的拍摄效果是不同的。常用的拍摄角度有 45 度、90 度、0 度（见图 1-26）。

图 1-26　不同视角拍摄的菜品

45 度（斜拍）拍摄，是最通用也是效果比较好的拍摄角度，能拍出食物的层次和整体性。

90 度（俯拍）拍摄，需准备摄影灯光设备。因为如果在餐厅拍摄，餐厅的灯一般在天花板上，拍摄时会在菜品上形成遮挡的阴影。采用摄影灯光设备，则可以突出食材完整性。

0 度（水平）拍摄，可突出局部特写和菜品的侧面图，拍摄容器透明的菜品时较为推荐。

第二步，确定背景色。统一的背景色是树立品牌形象的关键。拍摄的背景可以用纯色衬布取景，颜色的选择可以结合食材的颜色特点、品牌主题色去确定。

常用的背景颜色有：白色、灰色、暖黄、黑色（见图 1-27）。

图 1-27　不同背景色的菜品图片

第三步，撰写卖点（非必须）。菜品图片除了用其本身和背景颜色营造氛围外，还可以加上菜品的卖点信息，带有卖点的菜品图片更能精准地向用户传达商家想表达的信息（见图 1-28）。下面举几个例子。

- 营销优惠类：省 × 元、限时特惠、今日半价。
- 爆款菜品类：累计销量 10 万份、主厨拿手菜。
- 口味表达类：咬一口，高汤满溢舌尖、辣到过瘾。

图 1-28　撰写卖点的菜品图片

此外，商家在设计菜品图片时，还需要注意下面这些要点。

首先，每个菜品都需要设置图片，店铺内的菜品图片尽量不要重复，重复的图片会降低对用户的吸引力；内容禁止出现香烟等平台违规商品，禁止出现涉政、涉黄、涉毒图片，禁止出现微信号、QQ 号等隐私内容。

其次，菜品图片在拍摄时需要有主次之分，切忌让配菜、饮料、小食抢了风头，可以弱化背景色并使其和主菜区别开。通过布景，要给消费者留下菜品干净、卫生、实惠、有品质的印象。此外，拍摄食物时的光源是非常重要的，自然光的光质也会影响到照片的色彩。建议在上午 9 点或者下午 16 点拍摄菜品，这个时间拍摄的食材更具自然色彩，可以提升消费者的食欲。

我们在拍摄菜品图片时，需要处理好餐具上的使用痕迹，保证食物干净。拍摄的食物图片中适当留白，反而更能凸显图片的重心，打造视觉焦点。留白处可以加上菜品配料的食材名称，让用户对口味一目了然，降低因原材料与用户的预期不符所导致的客诉。

外卖商家不妨进行对照自查，如果菜品口味、品质没有问题，店铺通过活动、促销等方式已经获得了大量曝光，但用户进店转化率始终偏低，那么商家在这种情况下可以试着通过提高菜品图片的品质、改善店铺的形象，来提升顾客下单的概率。

（4）店铺海报

店铺海报是在商家店铺首页以图片形式展示的店铺信息，由图片和文字组成。商家可以通过店铺海报展现店铺特色、营销活动等，起到商品优先曝光的作用。用户可以点击店铺海报来浏览相关的商品，每个店铺最多可以设置三张海报，海报支持横向滑动浏览，商家可以结合自己的宣传目的调整海报展示顺序（见图1-29）。

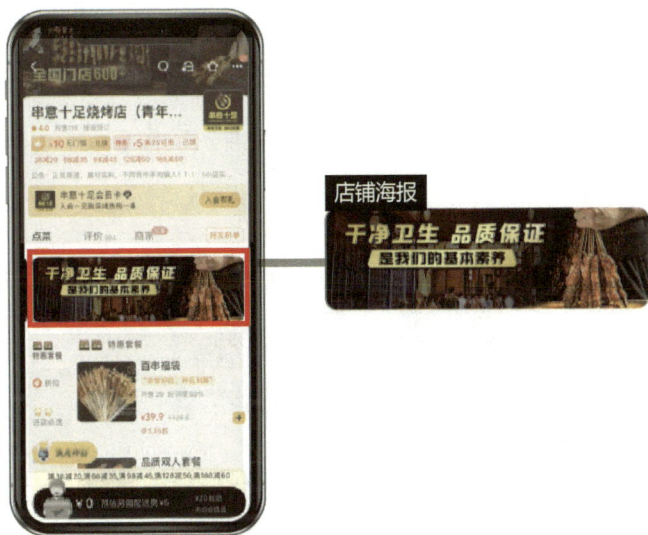

图1-29 店铺海报

对外卖店铺来说，店铺海报可以作为一种视觉营销的工具，吸引用户下单。商家可以利用店铺海报有效地提升店铺的下单转化率。

店铺海报占据着外卖店铺首页的黄金位置，它所呈现的内容聚焦于上市新品、促销活动、热门产品、店铺特色、节日营销信息等。一般来说，店铺海报的设计逻辑是：用给人视觉感受强烈的图片刺激客户味蕾，增加用户食欲，再配上文案，营造出活动氛围。

店铺海报按照内容可以分为店铺宣传类海报、优惠活动类海报、菜品推荐类海报。

店铺宣传类海报主要是起到宣传店铺的作用。每个店铺都有自己的特色，但很多特色是用户感知不到的，需要加以宣传，将特色信息呈现在店铺海报上，来让用户看到。店铺海报是突出店铺特色的一个"会说话"的窗口，下面是几个例子（见图 1-30）。

- 烹饪特色类：牛香愈入味，慢炖 90 分钟。
- 食材特色类：汕头苏南卤鹅，卤鹅不过夜。
- 荣誉背书类：荣获"中国餐饮杰出单品王"称号。

图 1-30　店铺宣传类海报

优惠活动类海报主要是起到展示营销活动信息的作用。商家可以结合店铺的活动目的去设计不同类型的营销活动。店铺海报可以添加图片和文字，让用户第一时间知道商家的营销重点和"噱头"。店铺海报与营销活动结合，可以对营销活动的展示起到事半功倍的效果，下面是几个例子（见图1-31）。

图1-31 优惠活动类海报

- 闲时优惠类：下午茶时段招牌菜品5折。

- 限时抢购类：3元辣子鸡，10点—11点限量30份。

- 特价商品类：新品上市，黄焖鲍鱼饭。

菜品推荐类海报主要是起到呈现菜品信息的作用。菜品在商家店铺是以竖版排列形式展示，用户通过竖向滑动的方式查看菜品，由于菜品的曝光量随着菜品排名而变化（越往下曝光量越小），店铺海报可以起到对定向菜品进行曝光的作用，并且可以借助文案对菜品的卖点进行包装（文案信息要保证真实性，避免虚假宣传），下面是几个例子（见图 1-32）。

- 特殊时段菜品推广类：早餐超值套餐 6 元起。
- 新品推荐类：全新酸菜卤肉饭，品质口感升级。
- 招牌菜品推荐类：能空口吃的米饭，浸泡 12 小时，手工搓洗 3 遍。

图 1-32　菜品推荐类海报

一般来说，店铺海报由图片和文案构成，在选择图片时需要选择与主题强相关的产品图片。文案可以参考万能公式来撰写，下面是几个例子。

- 店铺宣传类：主推内容 + 数字。

    举例：牛香愈入味，慢炖 90 分钟。

- 优惠类：主推内容 + 优惠力度。

    举例：3 元辣子鸡，10 点—11 点限量 30 份。

- 商品推荐类：主推内容＋数字／价格。

  举例：能空口吃的米饭，浸泡 12 小时，手工搓洗 3 遍。

商家在设计店铺海报时，应该避免以下情况：①只有图片，如果店铺海报只有图片，会给用户一种点餐界面很凌乱的感觉，并且起不到传达信息的目的；②出现错别字，文案中的每一个字都有想表达的意义，错别字会误导用户。

美团外卖平台上的店铺海报的尺寸要求为 720×240 像素，一个店铺同时段最多能配置展示三张海报。商家可以在店内海报页手动调整（上移、下移）海报的展示顺序。商家还可以在店内海报页选择需要修改的海报，点击"编辑"即可调整海报图、展示时段及关联商品等信息。如果商家遇到海报设置成功但未展示的问题，商家要先确认海报关联的商品是否被删除或售罄，只有商品状态正常，海报才能正常展示。如果海报未通过审核，可能是因为商家的海报上有二维码、网址或联系方式，另外，海报内容涉政、涉恐、涉黄都会审核不通过。

第二步

菜单设计

菜品选择

在外卖经营中，大家有没有遇到过这样的情况：店铺流量挺高，但下单转化率极低；菜品口味不错，但销量不好，复购率也低。出现这些问题，很多商家都会在平台活动、运营等方面找原因，但其实可能是外卖菜单出了问题。

很多商家，尤其是新手外卖商家很容易忽视外卖菜单的重要性。其实，外卖菜单是店铺的第二门面，它不仅可以展现店铺的品牌形象，还能提升用户体验，引导用户消费，促进菜品的销售。它常常与店铺招牌、店铺海报相配合，展现店铺的品牌价值、优势，介绍店铺的各种活动。

从用户的消费路径来看，菜单几乎在每一个环节都发挥着重要的作用（见图 2-1）。

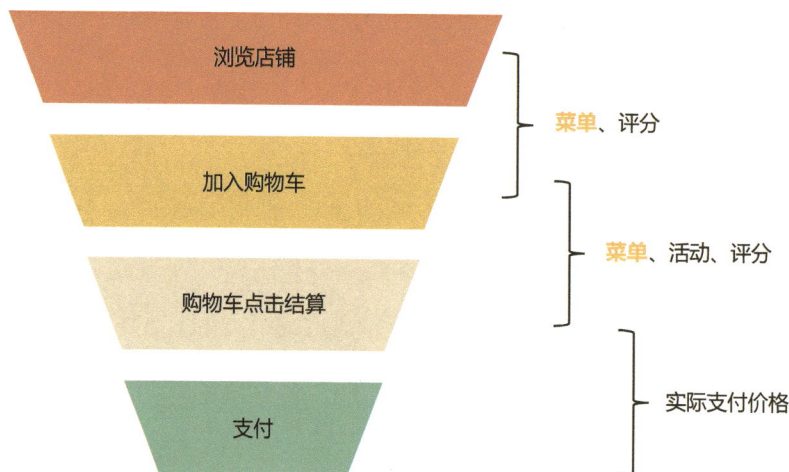

图 2-1　用户流失的影响因素

随着外卖用户点餐习惯的变化，用户的点餐时长变得更短。用户期望打开外卖平台，用最短的时间找到想消费的店铺及菜品。对商家来说，用户进店的黄金三秒是至关重要的。当用户进入一家店铺开始浏览时，商家如果能够降低用户的选择时间、满足用户点餐及凑单需求，而且还能够让用户吃得更好、更丰富，那么用户下单的概率就会高很多。

外卖菜单绝对不能照搬堂食菜单，也不能自己随便一想或者盲目模仿其他竞争对手的菜单。商家应该根据自身店铺的经营特性来设计有助于介绍菜品、留住用户、提升下单转化率的菜单。好的外卖菜单还能够帮助用户搭配菜品，让用户吃得更丰富，有效提升客单价。

对餐饮商家来说，外卖菜单设计主要包含四个模块：菜品选择、定价策略、分类排序、菜品描述。我们首先阐述一下如何进行菜品选择，菜品选择是整个菜单设计的第一步，也是最重要的基石。

1.外卖菜品选择和设计的三个要点

由于就餐环境和就餐方式不同，堂食的菜品结构并不一定适合外卖，我们要对堂食的菜单进行筛选，选择适合做外卖的菜品，这也是设计外卖菜单的基础。那么，我们该如何选择外卖菜品呢？

我们总结归纳出了三个要点，方便商家在设计外卖菜品的时候可以有方法论可依据。

一是要进行消费场景转化。商家在为线上店铺设计菜品的时候，一定要分析线上用户的消费场景，根据线上用户的用餐场景和消费需求，来选择与之相匹配的菜品。例如很多点外卖的用户都是一人食的消费场景，那商家就可以考虑推出一些一人食菜品，满足这类用户的需求。

二是要让用户吃得合适，吃得丰富。商家在设计菜品的时候要考虑产品分量是否合适，避免因为分量问题而流失用户，商家可以通过对菜品拆分售卖的方式来调整分量。例如，对于烤鸭店来说，用户点一只全鸭外卖的概率很小，为了提高烤鸭的销售量，很多烤鸭店都推出了小份烤鸭满足用户需求。此外，商家还应该注重店铺菜品的丰富度，应该保证菜品种类较为丰富，在符合门店定位的情况下，能够让用户在店铺中尽可能多地挑选到自己心仪的菜品。

三是注重菜品的口味搭配和用户的餐后体验。这里主要强调的是菜品之间的搭配，相较于单一口味的菜品，菜品的口味选择更丰富，用户餐后的体验就会更好。商家应该尽可能为用户提供符合大众口味的菜品，使店铺得到更多用户的青睐。

一般来说，商家在为外卖店铺选择菜品的时候，可以着重选择那些堂食销量比较高的菜品，避开堂食口碑较差的菜品。同时，因为外卖配送具有时效性，商家一定要考虑外卖菜品的制作难易度和出餐时间。商家应该调研所处商圈和店铺自身的用户点餐特点，研发相应的外卖菜品，并定期对菜品进行更新。

蔡澜港式点心专门店就会为外卖单独研发菜品，例如推出单人餐、午间工作餐，以及一些云吞面、干炒牛河、生炒牛肉饭等原本堂食中没有但适合外卖业务的菜品。店铺的整套产品研发所遵循的是一个漏斗型筛选的模式。

第一步是确定研发思路：研发思路一般来源于之前的经验并结合一些美团平台点评端和外卖端的数据筛选出用户喜欢的热销菜品。

第二步是前期调研：由调研组去做一些线上或线下调研。

第三步是原型开发：菜品研发部的大师傅把单品制作出来。

第四步是菜品上会：召开菜品小组会，开展试吃讨论，评估菜品的口味以及实操性等。

第五步是顾客调查：上会通过的菜品会被拿到店里给客户品尝，这一步主要是收集客户对菜品口味的评价，考察消费者是否认可菜品的口味。

第六步是入库：进入菜品库储备。

第七步是上市：在合适的时候上市菜品。

2.如何设计外卖的菜品结构

外卖菜单中菜品结构的设计至关重要。外卖平台就像个超级大卖场，相当于一个大菜单，里面的每一个商家又有一个小菜单。菜单不是产品的简单排列，菜单的本质是一家餐厅的战略体现，是一家餐厅盈利模式的表达，是一家餐厅的无声推销。

因此，商家在规划和设计菜单的菜品结构时，既要考虑横向宽度，又要考虑纵向深度。横向宽度是指菜品的分类属性的数量，纵向深度是指同类菜品中的菜品数量（见图 2-2）。

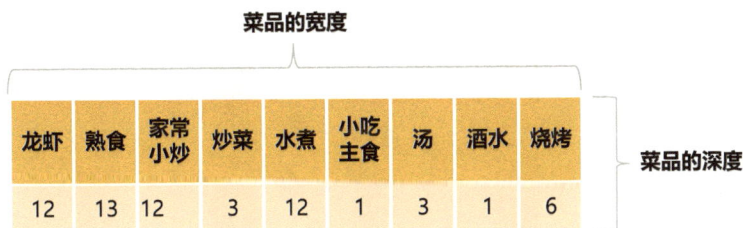

图 2-2　菜品的宽度与深度展示

菜品的宽度，包括店铺主要经营的品类和辅营的细分品类。商家在确定自身的店铺产品定位后，可以选择店铺能够经营的细分品类，品类的选择要有一定的逻辑性。千万不能脱离店铺自身的定位和用户的消费需求，盲目地拓宽品类。

菜品的深度设计要遵循适中的原则，切忌重头轻尾。我们设计某个细分品类下的菜品种类时，一定要选择销量高、有明显优势的产品，保证该品类具有一定的用户覆盖面。商家要避免出现推出的菜品不匹配用户需求的情况。

3. 如何设计外卖菜品的价格结构

商家在设计菜单的时候，除了要考虑菜品的丰富度，还要考虑菜品价格结构的合理性。菜品价格结构是指将店铺售卖的菜品价格进行阶梯形划分，以满足不同外卖用户的点餐需求。菜品价格结构中的价格带决定了店铺的人均消费。

通常来说，在每个价格区间内，都应该设置一定数量的菜品。店铺面向的用户群体不同，用户的消费水平也不同。商家只有确保店铺菜品的价格区间覆盖较广的用户群体，才能够为更多的用户创造消费机会，满足不同人群的需求（见图 2-3）。

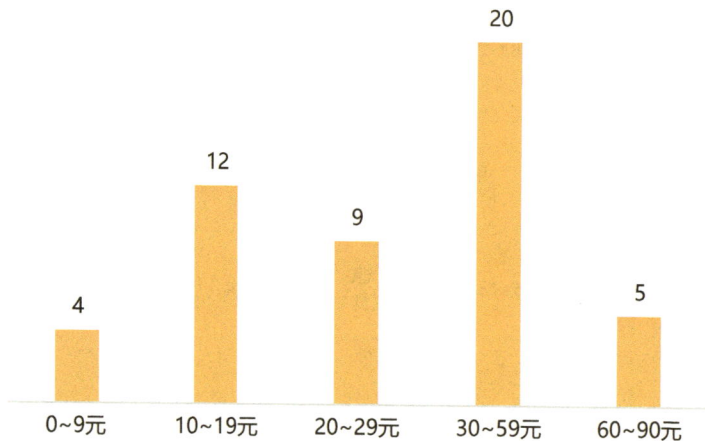

图 2-3 合理的外卖菜品价格结构案例

外卖菜品的价格结构设计有三个原则：第一，有明显价格带波峰；第二，价格带不断层；第三，每个价格带上菜品的选择丰富。

4. 如何做好外卖产品定位

外卖产品定位就是让产品具有差异化的功能及作用，从而达到引导用户下单的目的。外卖产品的定位是否合理，决定着店铺的赢利能力是否强大，对用户的吸引力是否足够，以及品牌是否能在用户心里保持良好的形象。

按照外卖产品功能定位的不同，我们将其分为四种产品。

爆款产品。 外卖市场的竞争是非常激烈的，店铺一定要靠有竞争力的产品稳住市场份额。爆款产品的主要特点是口味好、用户接受度高、价格适中，并且有一定的利润空间，能够成为招牌产品。在店铺中，爆款产品的供应要保持稳定，其需要为店铺长期贡献稳定的销量。

引流产品。 引流产品主要起到吸引用户进店、下单的作用。用户接受度高、价格低、毛利低，是引流产品的特征。这类产品通常既不是主食也不是套餐，并且产品价格一般不能达到起送价。

折扣产品。 被设置为折扣菜品后，菜品在用户点餐时就会直接显示优惠后的价格，我们建议折扣菜品以套餐为主，设计一定的价格阶梯，能够满足不同人群的需求，折扣菜品的数量建议不超过 10 个。

凑单产品。 这类产品可以吸引用户凑单，提高订单金额，让用户在凑单的同时吃得更丰富。凑单产品的价格比较低、容易出餐，常与主食搭配，所以常常按原价售卖。在方便用户完成凑单的同时，也能为店铺带来一定的利润。

图 2-4 为俏江南的外卖页面，俏江南正常的菜品价格并不低，在外卖中属于较贵的中餐，但是它推出了几款价格比较低的套餐和单品来作为引流产品或者折扣产品。类似俏江南这种商家，

图 2-4 俏江南的外卖产品页面

门店运营成本比一般的门店高，它推出这几款低价产品就是通过牺牲一部分利润来切入市场。

定价策略

对外卖商家来说，一个店铺要获得更多盈利，必须学会正确地对产品定价，做到产品价格有竞争优势，努力提高产品的性价比。用户在选择菜品的时候，除了菜品本身，菜品价格的影响也很大。

产品定价对于店铺运营是一个系统性的工程，是极其重要的事情，关乎店铺的长期营运。店铺运营是商业性活动，包含着商家对成本和利润的深入考量。为了实现整体的经营目标，商家对产品的定价是非常重视的，这是商家面临的"商业考验"。

1. 外卖产品定价的影响因素

商家在为外卖产品定价的时候，需要考虑的因素很多。首先要考虑的是成本因素。简单来说，成本决定一个产品的价格下限。如果商家有堂食业务，在制定外卖产品价格的时候，也要结合堂食产品的价格综合考虑。

由于处于市场竞争中，商家在制定产品价格的时候还要考虑供需关系和竞争对手情况。产品的供给与用户的需求相互影响，进而影响到产品的价格。商家所处商圈的直接竞争对手的产品价格，也会对自身产品定价造成一定影响。

此外，商家在经营过程中，也会采取各种营销活动来达到吸引用户、增加销量的目的。因此，商家在制定产品价格的时候，也要考虑到后续的营销因素，商家对用户实际支付的价格也要做到心中有数，这样才能保证制定出较合理的产品价格。

2. 外卖产品的定价策略

商家的经营活动很多时候都需要摸索用户的消费心理，产品定价更是如此。如果商家能够对用户的消费心理有一定的了解和把握，那么在产品定价上就可以如鱼得水，制定出有效的定价策略，夯实店铺的经营基础。

产品定价可以说是所有外卖经营活动的基础，只要敲定了产品定价方案，不管是后期店铺促销活动，还是店铺的满减打折送券，所有活动都要参考产品定价来做。

最好的定价策略，并不是一味低价，陷入价格战，而是让用户认为店内菜品相对实惠，值得购买。恰当的定价策略，甚至还会让用户产生"买得越多越划算"的心理感受，从而引导用户主动增加消费金额，提升客单价。

（1）微定价法

当用户进行消费决策时，如果决策难度小、决策风险低，那么决策的成功率就会比较高。因此，第一个定价策略是微定价法，它实际上就是利用最小单位定价法，降低用户决策成本，提升用户的下单意愿。

商家根据用户消费时不想麻烦、不想过度思考和决策的心理，可以将一个原本价格比较贵的产品，拆分为最小单位，降低用户决策风险，增加决策成功率，最终提升下单转化率。

图 2-5 显示的就是微定价策略的案例页面，店铺 A 把菜品拆分成了最小单位进行售卖。这样给用户的直观感受就是每个菜品的价格都很低，降低消费过程中的决策成本，用户可以不用多想，直接把菜品加入购物车。店铺 B 标注的是每个菜品最小单位的价格，但是在购买数量上做了限制，菜品起购量为三

份。这样不仅用低价吸引了用户下单，还保证了用户的消费数量，能够有效提升用户的下单转化率。

（店铺A）　　　　　（店铺B）

图2-5　微定价法案例

（2）实付定价法

通俗地来说，实付定价法主要利用的是用户占便宜的心理。商家在显示菜品价格的时候，既标注了菜品的原本价格，也标注了菜品的实付价格，为用户营造出一种用较低价格买到了原本比较贵的菜品的感觉（见图2-6）。

图 2-6　实付定价法案例

商家在进行实付定价时，要参考商圈的同类菜品价格的均值，切莫过度脱离现实。总的来说，实付定价方法能够帮店铺塑造出为用户让利的形象，让用户感觉自己占到了便宜。试想一下，如果你是用户，在消费决策的过程中感觉到有很大的优惠，你会不会更有可能消费呢？

（3）成本率定价法

在为菜品进行定价之前，外卖商家应该对菜品了如指掌。通常来说，菜品的成本分为固定成本和变动成本两个部分。所谓的固定成本是指店铺硬件设施、人力成本、租金等在一定时间内不会变化的成本；变动成本指食材原料、水电燃气费等随出品量和需求会发生改变的成本。商家应该准确了解每道菜品的成本范围，进行合理的售价推算。

成本定价法指的是根据成本在整个零售价格中占的比重，考虑到利润后，倒推出来定价的计算方法（见表 2-1）。这种定价方法有助于店铺获取稳定的毛利率，商家可以更加精准地设计店铺的营销活动。成本率的具体计算公式如下：

成本率＝［（产品成本＋包装成本）/（产品售价＋顾客支付的包装费）］×100%

表 2-1　成本定价法案例

单位：元

原料成本	门店定价	外卖定价	外卖包装成本	总成本	优化定价	成本率
6.70	18.9	18.9	1.1	7.80	20	39.02%
8.77	22.9	22.9	1.1	9.87	22	44.88%
9.06	22.9	22.9	1.1	10.16	24	42.34%
11.13	24.9	24.9	1.1	12.23	28	43.69%
7.25	19.9	19.9	1.1	8.35	22	37.98%
9.32	22.9	22.9	1.1	10.42	24	43.44%
9.61	22.9	22.9	1.1	10.71	24	44.63%
11.68	22.9	24.9	1.1	12.78	28	45.65%

（4）尾数和小数定价法

尾数定价策略是指在确定零售价格时以零头数结尾，使用户在心理上有一种售价便宜的感觉，或是按照风俗习惯，价格尾数可以取吉利数字来吸引用户，这属于心理定价策略的一种。目前这种定价策略已被商家广泛应用，从国外的家乐福、沃尔玛到国内的华联、大型百货商场，尾数定价策略都非常常见。

标价 19 元和 20 元的两份菜品差价仅仅是一元钱，但是在用户的意识中会认为一份是十几元的商品，一份是二十几元的东西，两者的差距可不仅仅是一元钱那么小。尾数定价法的心理学解释是用户更倾向于关心价格的首位数字，而忽略末尾数字。所以我们要善用尾数定价法则：把尾数为 0、1 的商品减 1 元或 2 元钱，将尾数变为 8、9。运用这样的定价方法，用户的消费意愿会大大增加。

小数定价法也非常重要，餐饮业本就是薄利多销的行业，用户对 19 元与 19.9 元的感觉是几乎一样的，但是我们却可以一单增加 0.9 元的收入，对于月销量很高的商品来说，这无疑是增加了一笔可观的收入。小数定价法还有一个好处就是会让用户认为商品的定价是经过深思熟虑和考证计算过的，增加了商品定价的可信度（见图 2-7）。

图 2-7 尾数和小数定价法案例

分类排序

菜单分类排序是指用户在手机端看到的外卖店铺的菜品的分类情况和排列顺序。对商家来说，菜单分类排序首先是要通过设置菜单核心位产品来培养用户的消费习惯。其次，店铺的菜品按照不同的细分品类分类罗列，用户在选择的时候能够一目了然，更便捷地选择想要的产品。最后，商家可以根据具体的排序原则排列菜品，引导用户选择特定的消费产品。

在进行菜单分类排序的时候，商家要记住三个原则：第一，解决需求，让用户能买到想要的菜品；第二，买得更快，让用户可以更方便地购买到想要的菜品；第三，吃得更好，让用户购买到的菜品超出自身期待。

1.外卖菜单核心位的搭建

用户在进行消费决策的时候关注的信息并不多，在很大程度上取决于几个最关键的影响因素。用户对外卖菜单所提供的信息同样是如此。用户浏览菜单的时候，对菜单结构里核心位置的信息印象会更深刻，也更容易选择核心位置的菜品进行消费。

在美团外卖上，店铺菜单的核心位置是用户进入店铺以后在菜单中排在前5位的菜品，商家可以把自身想要向用户推荐的菜品放在这个位置上，并且组合搭配一些符合用户消费习惯的菜品。

商家在设置外卖菜单核心位的时候，应该遵循"4要5不要"原则，这样才能有效地为店铺增加收入。

"4要"分别是：

（1）要与店铺风格相符的超低价引流小吃；

（2）要符合店铺定位的主推单品；

（3）要菜品组合丰富的单人餐；

（4）要菜品组合丰富的多人餐。

"5不要"分别是：

（1）不要和品牌定位不相符的菜品；

（2）不要单价过高的主推品；

（3）不要不适宜单人食用的常规大份菜；

（4）不要生冷食物；

（5）不要凉菜、沙拉、酒水。

在菜单核心位出现的菜品，最好能够组合搭配成一餐，用户不用过于麻烦地凑单求满减。通过这样的设置，商家能保证用户在菜单核心位置就能够找到满意的菜品，顺畅地下单消费。商家应该定期分析店铺用户的消费习惯，把用户常搭配下单的菜品放在一起，这样既符合用户消费习惯又能方便用户下单。

此外，由于用户存在不同时段消费需求的差异，商家应该根据用户的消费习惯来设置分时段菜单。这个功能在美团外卖商家端后台中可以实现。通过分时段经营，商家可以更好地利用外卖菜单的核心位置，让店铺中为不同消费场景打造的菜品都有机会被用户所选择，从而带来店铺菜品整体销量的增长。

眉州小吃就是一家对用户不同时段的消费需求差异掌握得很透的商家。它很重视外卖菜单的核心位置，每天早餐时段热销菜全是早餐品类的产品，而中午时段热销菜是符合午餐消费的套餐或者主食类产品。因为店铺的定位是小吃，包含的产品种类又很多，所以眉州小吃特别注重对店铺进行分时段的外卖运营操作，从而保证店铺产品的整体销量（见图2-8）。

（早餐菜单）　　　　　　　　　（午餐菜单）

图 2-8　眉州小吃的菜单设置

2. 外卖菜单的分类罗列

面对数量庞大的菜品，商家必须要建立有效的分类管理体系，方便用户下单。菜单的分类罗列，直接决定用户点单时感到容易还是困难。菜单分类逻辑混乱、不清晰，是造成外卖店铺下单转化率低的一大原因。

好的外卖菜单分类罗列，应该是简单的、聚焦的，它能让店铺看上去更专业、有"匠心"，用户点单时也能更方便。商家在设计菜单分类罗列的时候，一定要有逻辑，符合用户的常规思维。菜单的经典分类结构一般是：

主菜＋小吃＋主食＋汤品＋饮料＋店铺信息

另外，菜单分类的划分维度也要尽量保持一致，用户在浏览时能更方便理解。比如"美味甜粥＋营养咸粥＋原味粥品"是按照菜品口味这一维度划分，"家常炒菜＋风味凉菜＋爽口卤味"则是按照菜式品类这一维度划分。如果一份菜单中菜品按照 3 种或 3 种以上的维度划分，会让用户在点餐时陷入迷惑的状态，菜单栏也会显得混乱、不精致。

比如图 2-9 的店铺是一家经营了 15 年的湘菜老店，在外卖菜单的搭建上主要参考的是堂食菜单的搭建逻辑。但从外卖用户视角去看，新用户对"洞庭招牌"究竟卖哪些菜是不清楚的，同时对"特色湘菜"和"湖南小炒"之间的区别也不清晰。从用户下单的角度看，该店铺优化前的菜单分类不够清晰，没有起到引导用户选择菜品的作用。

图 2-9　优化前后菜单对比

在对用户的点餐场景和浏览习惯进行分析后，我们将"洞庭招牌"优化成了"8 大推荐"，同时将仅有的 3 个"湖南小炒"菜品放在了"8 大推荐"分类下，这样用户能更直观地感受到在该分类下售卖的菜品是商家做得最有特色且好吃的菜品。其余的分类主打"湘"字，这种更聚焦的呈现方式会向用户传达这家湘菜馆的产品定位。同时结合用户吃湘菜怕辣的痛点，将"酒水饮料"改成了"解辣饮品"。经过这些改变，这家店铺的订单量上涨了 31.4%，新用户占比上涨 23.7%。

在现实情况中，因为餐馆类型、主要品类、主打活动以及周围商圈等因素的不同，最佳菜单分类排序肯定有所不同，下面总结了 5 大经典菜单分类结构模板，商家可以根据自己的实际情况套用和调整。

（1）品类式

菜单分类结构：热卖 + 折扣 + 招牌菜 + 品类 A+ 品类 B+ 品类 C+ 小吃 + 饮料 + 店铺信息。

品类式结构一般适用于传统餐馆。传统餐馆一般没有主打经营品类，菜式"大而全"，所以最合理的排列方法是把所有菜品按照大品类划分，同时把店内招牌菜放在显眼位置（见图 2-10）。

图 2-10　品类式菜单分类结构

（2）总分式

菜单结构：热卖＋折扣＋套餐＋单品＋小吃＋饮料＋店铺信息。

总分式菜单结构常见于聚焦单一品类的快餐店（见图2-11）。所谓的"总"是指套餐，"分"是指套餐中每个拆开售卖的单品，因为顺序是先套餐后单品，故称之为"总分式"。

为了降低用户点餐难度、提高客单价，很多注重外卖业务的快餐店专门推出了套餐。套餐经常同时出现在热卖栏、折扣栏和专属的套餐栏，这种结构的主要目的是提高套餐的销售量。对不想点套餐的用户，菜单中还有单品，用户需求也能被满足。

图2-11　总分式菜单分类结构

（3）定制式

菜单结构：热卖＋折扣＋点餐信息＋口味＋套餐＋单品＋加料＋饮料＋店铺信息。

某些菜品的点单过程较为复杂，菜单需要指导顾客下单，这样的菜单结构被称为"定制式"（见图2-12）。麻辣烫、冒菜、麻辣香锅、黄焖鸡米饭等菜品经常使用这种菜单结构。和其他菜单结构不同的是，其多了"点餐信息""口味"和"加料"这三个版块，方便顾客根据自己的喜好点餐。

图 2-12　定制式菜单分类结构

（4）极简式

菜单结构：热卖＋折扣＋满减专区＋主食＋饮料＋店铺信息。

很多以折扣菜为主打的外卖店经常使用此类菜单结构（见图2-13）。因为整家店几乎所有的菜品都被设置为折扣菜，菜品集中在热卖栏和折扣栏中呈现，所以没有其他的细分版块。有的商家为了方便用户凑满减，会在菜单中开辟"满减专区"版块，方便用户点餐。

图 2-13　极简式菜单分类结构

（5）场景式

菜单结构：热卖 + 折扣 + 场景 A+ 场景 B+ 场景 C+ 饮品 + 店铺信息。

不少靠近白领商圈的外卖店使用场景式的菜单结构。整个菜单以"活力早餐""健康午餐""暖胃晚餐"这样的就餐时段分类，这种菜单设计中的菜品基本全是套餐，用户点餐更加方便，节约了用户很多挑选和思考的时间。

3. 外卖菜单的菜品排序

在根据自身经营状况和周围的商圈情况等规划好店铺的菜单分类后，商家也要好好花心思去设计每个菜单分类里的菜品排序。过于复杂的菜品排序不但让店铺供应链负担沉重、出餐缓慢，而且会使得用户来回滑动菜单比较菜品，增加用户的选择时间。用户在菜单页面停留的时间越长，流失率会越高。

商家在设计菜品排序的时候，可以按照菜单结构来依次进行规划，将店铺中的菜品按照特定的属性特征——放入对应的菜单分类里。在菜单的具体分类里，菜品可以按照销量排名情况、价格高低顺序等来进行排序。店铺的菜品排序要有相应的逻辑，这样才不至于显得整体混乱，并且能保证用户有较好的浏览体验。

一般来说，每个菜单分类中，主推菜品和新品应排在首位，紧接着是高利润的菜品。这样的菜品排列顺序，能够提升主推菜品、新品的销售额，同时保证店铺的盈利水平。

值得注意的是，每个菜单分类中的菜品数量不宜过多，菜品个数最好能够保证用户下拉一次后就能浏览该分类所有菜品，方便其找到自己想要的菜品并快速下单。合理的菜品排序，能够减少用户选择的时间成本，降低用户流失率。

菜品描述

外卖是一种线上交易业务，用户只能通过线上店铺的菜品名称、菜品图片、菜品属性等来判断菜品的分量和口味，从而决定是否下单。在外卖运营中，菜品名称、菜品图片、菜品属性以及菜品标签等所有能展示菜品详情、可供消费者进行了解判断菜品的内容信息都可以被称为菜品描述。

对商家来说，菜品描述承担着传统餐饮店中服务员的角色，菜品描述就是商家的线上服务员，在商家不能和用户直接对话的时候，它能帮商家服务用户，给用户提供菜的分量、配料等相应的菜品信息。

好的菜品描述可以让用户掌握更多的菜品信息，其中包含食材、口味、分量、产地等，这可以减少商家与用户之间的信息不对称，能帮助用户在短时间内了解菜品并且对菜品产生兴趣，从而吸引用户下单。好的菜品描述能够提高用户对店铺的信任度，用户也就更愿意在店铺内进行消费。

1. 外卖菜品取名技巧

很多外卖商家为了吸引用户下单，想了很多古怪的菜名来吸引用户的眼球，却导致用户下单转化率降低。例如"女神餐""一见倾心"等，这类菜品名称可能适合堂食，堂食有服务员进行细致讲解，但不适合外卖，用户无法理解这种名字背后的菜品信息，会造成用户流失。

一个好的菜名不仅能引发用户的购买欲望，提高下单转化率，还能够把店铺的品牌和风格深深地印在用户脑海里，形成记忆点。而一个表述不清的菜名，会增加用户的决策成本，让用户在犹豫中放弃下单。那么，起菜名有哪些原则呢？

（1）名称简单清晰，包含产品基本信息

商家在给菜品起名的时候，首先要做的就是让用户知道卖的是什么。菜品名称的信息应该完整，这样也有利于菜品获取搜索流量。例如我们在搜索米线的时候，只要名称中包含"米线"的菜都会被展示，这对外卖店铺来说，是很好的获取曝光的方式。

菜品名称一定要简单明了，要让用户一看菜品名称就知道是什么菜，不要故弄玄虚，不然会适得其反。用户在点外卖的时候，通常想要很快地做出决策，过于复杂的名字容易让用户一头雾水、失去耐心。

菜品名称要包含菜品的主要信息，不要为了省事忽略关键词。好的菜品名称是能够让用户判断出食材、烹饪方法、口味等信息的。如果该产品是套餐，最好也要在名称中标注清楚是几人餐，方便用户选择。

（2）营造价值感，使用目标人群语言

基础的菜品起名方法商家基本都可以掌握，但如何能够通过菜品名称让用户更加青睐自己的菜品呢？这就需要掌握一些进阶的起名技巧，把菜品特有的背景信息或者格外出众的地方展示给用户，让用户产生购买欲望。

有些商家会重点挖掘菜品的特色，并把它标注在菜品名称中，有的菜品可能会使用特殊的制作工具，比如说石锅拌饭、砂锅鲍鱼饭等，在名称中把所使用的盛具写出来，也是一个营销点；有的菜品属于地方特色菜，例如新疆大盘鸡、重庆小酥肉等，这样的菜品名称可以有效地增加菜品的地道感；对于一些特色不鲜明的小菜来说，如果能在菜品名称中加上一些适当的形容词，例如咸香玉米饼、爽口木耳等，也会为菜品增色不少。

此外，商家在菜品名称中还可以标注出食材的产地、独特的制作工艺等，这些标注能够为产品营造价值感，增加菜品品质优势。有些商家会起这样的菜品名称：爆辣辣子鸡、金奖糖饼、四小时秘制骨汤担担面等。这样的菜品名称一方面能够让用户对菜品更放心，另一方面也能引发他们对口味的期待。

外卖面对的用户可谓是千人千面，不同的用户群体有不同的消费需求和偏好。对商家来说，在菜品名称上也可迎合用户的喜好，使用他们所偏爱的语言风格。例如可以使用一些年轻活泼、符合特定用户偏好的词语（见图2-14）。

图 2-14　不同类型的菜品名称举例

2.画龙点睛的菜品图片

对很多商家来说，菜品图片的主要作用是通过诱人的图片来引发用户的食欲，吸引用户下单。因此，很多商家将菜品图片的运营重点放在图片的拍摄上，认为只要图片拍得好，就算充分实现了菜品图片的价值。

其实，大家忽略了菜品图片也可以起到菜品描述的作用。简单来说，就是商家不仅可以通过优质的菜品图片去吸引用户，还可以在菜品图片上放上一些体现卖点和价值的文字，来深化对菜品的介绍，从而让用户更心动，提升下单转化率。

在店铺装修章节，我们也提到了可以在菜品图片上撰写产品卖点，但没有进一步分析这样做的具体原因。所以我们在后面的"菜品描述"这一小节里进行重点分析，让商家更好地了解菜品图片撰写卖点的意义以及对外卖运营的具体作用。

目前，外卖平台不断优化升级，菜品图片也可以用小视频的形式呈现，能为用户提供更翔实且生动的菜品信息，帮助商家塑造品牌形象（见图2-15）。

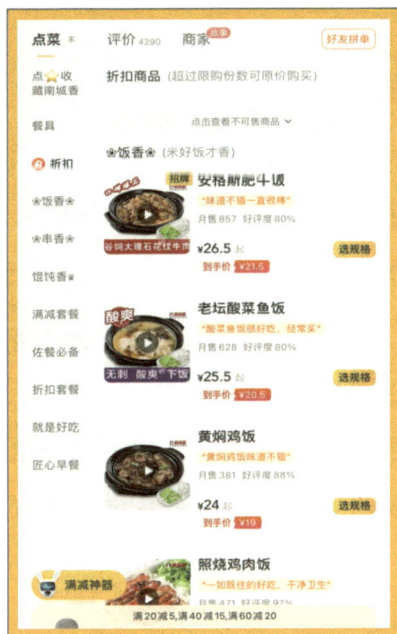

图 2-15　画龙点睛的菜品图片

3. 菜品描述和菜品标签设置

菜品描述和菜品标签都可以体现菜品的具体信息。在商家端后台，商家必须填写每道菜品的基本信息。菜品标签也可以在商家端后台设置，主要是填写菜品信息的关键词。菜品标签除了让用户了解更多的菜品信息，也有利于搜索端抓取菜品相关关键词，用户在菜品页面可以直接看到菜品标签，不需要点开菜品详情页面。

我们在这里重点阐述一下如何填写菜品描述、有效展示菜品信息，帮助商家提升下单转化率。

（1）告知菜品基本信息，方便用户下单

商家填写菜品属性信息，就是要告诉用户卖的是什么菜品，这个菜品的分量有多少，这个菜品吃起来是什么口味。这三个维度的信息也是用户下单时最关注的。

菜品所用食材、具体分量、主要口味、菜系等都是菜品属性中必须要包含的基本信息。商家要写明每个菜品使用的食材名称、注明所用配料等。如果是套餐，就标明套餐里包含哪些菜品，这些菜品主要使用了哪些食材。

（2）标注清楚菜品特殊说明，减少用户对菜品的误解

对于一些特殊菜品，商家可以在菜品描述里标注清楚菜品的特殊说明，让用户能够更好地做决策，增加对商家的好感。

对某些特殊菜品，商家可以在菜品描述中直接写出适宜人群，比如适合女生吃的美容养颜汤，适合儿童吃的酸甜小食。通过精确匹配人群，能够提高菜品的下单率。

此外，很多差评是因为用户对菜品信息的误解产生的，如果商家能够直接在菜品描述中清晰地写出来细节信息，就可以省去很多麻烦。比如标注"单点

不送""锅底不含菜品""不备注菜品则随机搭配"等，让用户能够准确知晓菜品相关信息，减少对菜品的误解。

（3）讲述品牌故事，建立情感链接

菜品描述也是商家和用户建立沟通的一种媒介。商家可以把想传达给用户的信息和情感都呈现在菜品描述里，拉近商家与用户的距离。

菜品描述看似只是一些简单的文字，但是对于商家来说，不仅仅可以描述事实，还可以为用户讲述菜品故事，这非常有利于商家建构直观且生动的品牌形象，让用户感觉到品牌的生命力，拉近用户与品牌之间的距离。

在菜品描述中，商家可以细致讲述菜品的制作过程，让用户对菜品产生好感。真实的且充满匠心的菜品制作方式，无疑是菜品品质的一种背书，也是商家塑造品牌竞争力的有效方式。

2019 年末，外婆家推出新品牌"老鸭集"，主打杭州老鸭煲。老鸭集的品牌宣传语为"煮熟的鸭子飞到家"。菜品方面，招牌菜老鸭煲集合了浙江四个土特产：金华火腿、绍兴麻鸭、天目笋干、农夫山泉。老鸭集在门店开业的同时，外卖也同时上线。

老鸭集作为一家很重视外卖业务的店铺，自然在菜品描述上也不会逊色。如图 2-16 所示，招牌菜老鸭煲的菜品描述中包含了这道菜所有的重点信息，比如所用食材、文化背景、制作工艺、品牌故事等，很容易打动用户，并且能够使用户心甘情愿地购买一份 168 元的老鸭煲。

图 2-16　老鸭集的掌柜描述

第三步

线上运营

流量运营

无论在线下开店还是线上开店，我们都要注重流量。流量意味着客流，意味着用户的潜在增长空间。在线下，店铺位置在很大程度上决定了店铺流量；在线上，流量的来源主要是外卖平台。如果想在外卖平台上获得更多的流量，我们就要通过开展营销活动、优化店铺装修等方式，为店铺引流。

目前，外卖行业竞争愈发激烈，如果我们能够做好线上店铺的流量运营工作，就意味着能够拥有更多用户，提升自身市场竞争力。而流量的多少主要取决于运营方法的优劣。对于外卖业务，我们必须建立线上思维，通过精细化的运营管理为店铺创造流量，并且努力把流量变现，转化成一笔笔真实的订单。

1.什么是流量运营

外卖店铺的流量运营涉及曝光、入店、下单、复购 4 个环节（见图 3-1）。流量运营指使用各种各样的运营手段，使店铺的曝光量、转化率、复购率达到最优水平，以达到降低获客成本、增加营业收入的目的。

店铺收入（交易额）= 曝光量 x 入店转化率 x 下单转化率 x 单均价

（1）曝光量

曝光量可以用曝光人数（展示人数）计量，通俗讲，曝光人数是指统计时间内看到店铺的用户数量。曝光量越高，用户的消费可能性就越高。有曝光量，用户才能有入店行为；有入店行为，用户才有可能下单。店铺曝光量是可以通过运用一定的运营手段获得明显提升的，其中主要是通过提升在外卖平台上的商家列表排名和拿到更多的资源位来实现。

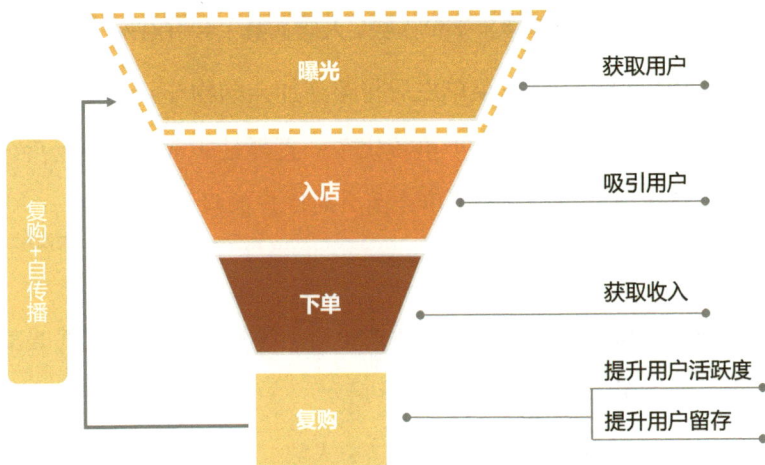

图 3-1　外卖店铺流量运营的 4 个环节

（2）入店转化率

入店人数是指在一定时间内点击进入店铺详情页的人数。入店转化率是指在一定时间内点进店铺的人数占曝光人数的比率。

入店转化率 =（入店人数 / 曝光人数）× 100%

我们从用户的消费行为上来理解，用户入店转化就是用户从看到店铺到进入店铺的过程。当用户产生就餐需求时，他会打开外卖平台，映入眼帘的是各种外卖店铺。如果商家能够在用户浏览这些外卖店铺的时候，通过提供店铺信息、显示营销活动等运营手段来增加用户进入店铺的概率，那他就离获取用户订单又近了一步。因此，店铺的入店转化率越高，说明店铺对用户的吸引力越强。

（3）下单转化率

下单人数可以理解为指定时间内在店铺详情页中下单的人数。而下单转化率是指在一定时间内下单人数占入店人数的比率。

$$下单转化率 = （下单人数 / 入店人数）\times 100\%$$

商家都希望用户在浏览完菜单之后将菜品加入购物车并结算，这就意味着用户下单成功，店铺获得收入。下单转化率一直都是非常重要的运营数据，一般来说，下单转化率越高，说明菜单详情页对用户的吸引力越强。

（4）复购率

复购是指某一用户反复在同一家店铺下单。复购率是指该店铺的复购用户占店铺总用户的比率。

$$复购率 = （复购人数 / 总人数）\times 100\%$$

一家店铺新上线外卖平台后的首要任务是曝光和拉新，而在店铺运营一段时间后，商家就要开始注重店铺的复购率。一家店铺如果不能顺利度过新店阶段，并储备大量的忠实复购用户，就很容易失去竞争力，面临被淘汰的局面。复购就是让用户记住店铺，能够在下次点外卖的时候还能想起它，并且对店铺产生较好的评价，最好还能将自己消费过的店铺分享或者推荐给别人。

2. 如何提升店铺的曝光量

曝光量之所以重要，是因为它可以影响最终订单量的规模。每一个成功的订单都是从用户看到店铺（即曝光）到进店、再到下单这多个步骤走下来的结果。其中每一个步骤都会流失一些用户，形成一个"漏斗"形状。这意味着，想要店铺订单量足够大，店铺曝光量也必须足够大，只有这样才经得起每一层的用户的流失。

在美团外卖平台上，获得曝光的入口有很多，例如商家列表、搜索、banner、金刚位、瓷片区、为你优选、铂金展位、到店自取、订单页等，都有可能为商家带来曝光量的增长。我们在这里介绍商家曝光量来源的四个主要入口：商家列表、金刚位、为你优选、搜索（见图 3-2）。

图 3-2　商家曝光量来源的四个主要入口

（1）商家列表和金刚位

商家列表与金刚位都是以从上至下的形式对商家进行展示。用户可以通过上下滑动屏幕浏览商家。只不过金刚位是一个聚合各子品类的入口，需要用户点击某个子品类之后才能看到各个商家的排序。因此，商家列表与金刚位的运营规则基本相同，都是店铺排名越靠前的商家被用户看到的概率越大，获得的曝光量也越多。

商家要获得大量的订单和更多的收益，首先要让自己有足够多的曝光。而排名决定了商家的曝光机会，排名越靠前曝光量越大。那么商家该如何提升自己的排名呢？

首先，从经营的因素来看，服务质量、销售情况、活动力度都会影响商家的排名。

服务质量主要表现在评分和缺陷订单率上。

评分指外卖订单履约完成后，用户对该笔外卖订单的主观评分。打分项包含用户对商家的评分（整体评分、口味评分、包装评分）和对骑手的评分（配送满意度）。商家评分反映的是用户对菜品口味和包装的满意度；配送评分反映的是用户对配送服务的满意度。

商家可以通过稳定菜品出品的品质（质量、分量），实现出餐的标准化，来降低用户在餐品质量上的差评率。此外，我们还应该为不同的菜品选用其最适合的包装。当店铺收到客诉时，我们应该积极解决问题，给予用户高效的反馈。只有通过这些方式，我们才能将店铺的评分提升到一个较优的状态，获得加权流量。

缺陷订单指的是非顾客原因导致的异常订单，是衡量用户体验的核心指标。缺陷订单率是非顾客原因的异常订单数占总订单数的比率，其计算公式为：缺陷订单率 =（缺陷订单数 / 总订单数）× 100%。引起缺陷订单的原因可以归为四个模块（见图 3-3），主要是接单模块、经营模块、美团配送模块、自配送模块。如图出现非顾客原因导致的订单异常，则很有可能会被标记为缺陷订单。因此，我们应该在运营过程中尽量减少或者避免这些情况的发生，降低店铺的缺陷订单率。

图 3-3　引起缺陷订单的四大模块

销售情况主要表现在累计销售额和营业时长上。销售额不同于销量，不能通过对比两家店铺的"月销量"数据，来推测排名高低。商家排名使用的销售额是全平台的销售额累计，也包括参与各种活动、优惠专区、商家券等带来的销售额。其中我们需要重点关注的有两点，一个是距离现在的日期越近，销售额的权重越大；另一个是单日销售额逐渐提高的商家，比销售额持平或者逐渐降低的商家更有优势。

营业时间过短一般会影响销量，处于休息中的店铺会下沉到列表底部，基本没有曝光。需要注意的是，营业时长关系到曝光带来的销售额，店铺在线却没有交易的情况无法给排名带来正向的帮助（见图3-4）。如果店铺已经不提供外卖服务，我们不能单纯地为了追求营业时长而保持上线状态，却下架所有菜品。排名系统会实时监测商家的状态和实际经营情况，多次违规的商家将直接受到排名沉底的处罚。店铺可以在高峰期提高出餐效率，而不是选择高峰期关店，导致营业时长降低。此外，商家还可以通过更改营业时间，接受预订单的方式，延长店铺上线时间。

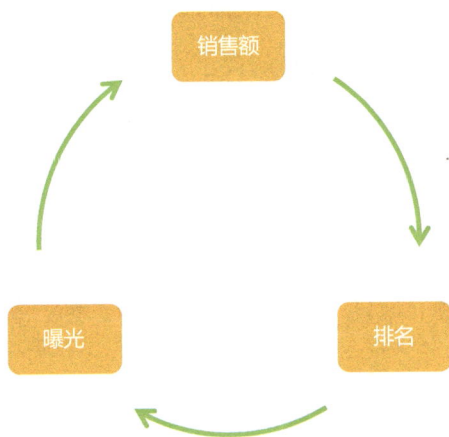

图 3-4　销售额、排名、曝光量之间的关系

在活动力度方面，平台鼓励商家积极参与和设置各种让利活动，给用户带来真正的实惠。平台根据商户的活动力度在排名上会对商户有一定的扶持政策。衡量一个优惠活动的力度，并不是看名义上的折扣，而是要看用户实际能

够享受到的优惠。虚假活动、原价虚高不仅不会得到排名扶持，反而会受到一定的排名惩罚。因此，我们在设计平台活动时，切勿制定虚假活动方案，要根据自身的经营情况合理设置活动，设置多个档位的活动更能够满足不同用户的需求。此外，要杜绝原价虚高的现象，平台除了可以对线上线下价格进行比对，排名系统还能通过多种途径判断定价情况。例如通过与同类商家、同类商品的价格对比来判断、识别是否存在定价虚高的情况。

其次，从转化因素来看，入店转化率、下单转化率、复购率也都会影响商家的排名。入店转化率、下单转化率以及复购率越高，商家的排名就会越靠前。

此外，从场景因素来看，经营品类也会影响商家的排名。

外卖从时段上划分为早餐、正餐、下午茶、晚餐、夜宵五个主要消费时段（见图 3-5）。用户在不同时段对品类的需求有明显差异。在某个时间，主营品类与这个时段的需求匹配程度更高的商家，排名会相对靠前。对于商家来说，认为"选择一个受众更广的品类可以在全天获得更多的曝光"，是非常错误的

早餐 6:00-9:59	正餐（午餐） 10:00-13:59	下午茶 14:00-16:59	正餐（晚餐） 17:00-20:59	夜宵 21:00-05:59
• 粥 • 包子 • 油条 • ……	• 盖饭类 • 麻辣烫 • 米线/米粉 • 面条 • 西式快餐 • 轻餐 • ……	• 奶茶 • 甜点 • 咖啡 • 炸鸡 • ……	• 各种炒菜类 • 麻辣香锅 • 烤鱼 • 东南亚菜 • 西餐 • ……	• 烧烤 • 小海鲜 • 炸鸡 • 烤鸡 • ……

图 3-5 不同经营时段的主营品类

观念，这不仅不能提升排名，还有可能对排名起到负面作用。

最后，从用户的因素来看，平台根据每个用户在品类、品牌、口味、品质、价格等方面的偏好，把与用户当前需求匹配度最高的商家排名相对提前，帮助用户更便捷地做出下单决策。

美团外卖平台在技术上已经实现了千人千面的个性化排序，每个用户看到的商家顺序都不尽相同。根据用户口味偏好的不同，同一商家在不同用户的展示列表中出现位置是不一样的。

排名系统本着把最适合用户的商家最高效地展示到用户面前的原则，也会考虑到用户的消费能力，商家可以根据店铺的用户消费水平情况打造低档位满减、爆款折扣菜等活动。

此外，用户给商家和菜品差评都会对商家有影响，用户给过差评后，对于这个用户该商家会在排序上靠后。所以我们还可以根据用户对过往消费的满意度来调整菜品顺序。

（2）首页搜索

打开 App 时，用户往往直接使用定向搜索，常见的搜索有：搜索门店名称、搜索想吃的菜品以及搜索想吃的食材和口味。用户搜索的背后包含着用户的直接需求，所以搜索入口中产生的转化率比其他入口稍高。

商家获取搜索流量的方式有三种：一是商家名称中包含用户搜索的关键字；二是菜品名称中包含用户搜索的关键字；三是商品标签中包含用户搜索的关键字。因此，与搜索词精确匹配的店铺，排名会相对靠前；与店铺主营菜品名称匹配的店铺，排名会相对靠前。从关键词的位置来说，前缀的效果优于中缀，中缀的效果优于后缀。

从商家名称来看，商家可以在设置店铺名称的时候，包含主营品类名称。

一般可以采取品牌名＋品类词／热卖产品词的形式。例如：

- 庆丰包子铺
- 姥姥家春饼店
- 田老师红烧肉

在设置菜品名称时，切勿过度包装菜品名称。商圈热门菜（商圈销量高的菜品）的搜索流量大，该类菜品的名称要简约。其他菜品名称可适度包装，但不要用不含关键词的艺术名字，尽可能地要包含搜索关键字。菜品的关键字要尽量往前写，提高被搜索到的概率。

商品标签要尽量包含口味、食材信息，这样就会与用户的搜素需求比较匹配，并且，还要避免漏填商品标签、错填商品标签的情况。

（3）为你优选

为你优选是基于时段、场景与用户喜好的个性化商家／商品推荐，也是千人千面的推荐方式。为你优选可以提高不同场景下目标用户选餐决策的效率，对于商家来说也是个展示品牌的优质资源位（见图 3-6）。

为你优选的排序规则会参考点评和店铺评分、各项榜单等多维因素，同时也参考用户行为偏好，倾向于为用户推荐用户浏览、收藏、购买过的店铺和品类。

商家可以在店铺运营过程中，尽可能地使自身的店铺满足这些规则，从而争取获得"为你优选"这个流量入口，为店铺带来更多的曝光量。

图 3-6　为你优选展示

3. 如何提升店铺的入店转化率

很多外卖商家都经历过甚至是正在经历这样的问题：店铺的曝光量很多，但是用户就是不进店，这是怎么回事？我的产品、服务、环境都不差，为什么用户却进别人的店铺里了？造成这些情况的原因很多，但可以肯定的是，一定是你的店铺没有抓住用户的眼球，那么，我们该如何让用户对店铺产生兴趣呢？也就是说，如何提升店铺的入店转化率呢？

我们可以看到，用户在浏览商家列表的时候，看到的店铺信息主要有店铺LOGO、综合评分、月售单量、起送价、门店标签、配送费、配送时间、配送距离、活动力度、点亮图标等（见图 3-7）。这些店铺信息都有可能引发用户的兴趣，使用户入店。

店铺头图	店铺名称	起送价	发票
配送时长	配送距离	点评高分	人均消费
月售销量	店铺评分	配送费	活动
品牌标签	极速退款	到店自取	品类

图 3-7　入店转化率影响因素

（1）店铺门面是第一印象

想让用户对店铺产生兴趣，首先商家要使自己的店铺有一个良好的形象。这就要求我们注重店铺 LOGO 和店铺名称。LOGO 和名称在店铺运营的很多方面发挥着重要作用，千万不能忽视。

前文中我们讲过如何设计一个专业且具有吸引力的店铺 LOGO 和店铺名称。在这里再强调一下，店铺 LOGO 能够提升门店自身形象，还能有助于门店打造长久的品牌效应。店铺 LOGO 的设计一定要简练有力，具有高度可识别性，能够突出店铺特色，并且要与店铺的产品定位和装饰风格相统一。

店铺名称要有主营产品或特色信息，需要突出店铺经营的品类，可以让用户快速定位店铺品类进入店铺消费。我们千万不要设计词不达意或者与店铺主营品类不相符的店铺名称，这样用户根本不知道店铺经营的是什么品类。不要额外增加用户点餐的时间成本，这样不利于店铺转化率的提高。

我们看看下面几家店铺的门面设计（见图 3-8）。如果你是用户，在浏览商家列表的时候看到这几家店铺，会有什么样的感觉呢？

图 3-8　优质店铺门面设计

首先，你肯定能够非常清晰地了解这几家店铺的主营品类，迅速判断出每家店铺是否能满足自己的消费需求；其次，这几家店铺的 LOGO 设计都比较独特和专业，起到了塑造品牌形象的作用，同时也增加了店铺的品质感。

商家在设计自己店铺门面的时候，也可以打开外卖平台多浏览一些店铺，学习借鉴一下他们的整体设计思路。这样能够更好地打造自己店铺的门面，留给用户较好的第一印象，从而提升用户的入店转化率。

（2）商家评分和标签传递关键信息

如果说店铺 LOGO 和店铺名称是商家吸引用户的门面，那么店铺评价和商家标签则能展现一个店铺的内涵，是吸引用户入店的关键因素。

用户在入店之前都会习惯性地看商家评分，较低的店铺评分会直接影响用户对店铺的兴趣。所以商家需要做好产品、优化服务，从而增加用户对店铺的整体评价分数。

商家标签能为用户展示店铺的具体信息，让用户更加快捷地了解商家的特点，建立良好的品牌形象（见图 3-9）。不同商家标签的获取规则不同，我们可以根据自身店铺的需求获取相应的标签。商家标签主要有：阳光餐厅、点评高分店铺标签、极速退款标签、支持自取标签、青山公益标签、售后无忧标签、满减神器标签、招牌 & 力荐、月售标签、老板推荐 / 店长推荐 / 最受好评 & 招牌标签、人均价、排行榜标签、放心吃等。

图 3-9　商家标签展示

（3）配送情况优化

用户重点关注的店铺信息还包括配送价格和配送时长。配送价格是订单金额的组成部分，配送价格的高低会成为用户下单的影响因素。配送价格在用户能够接受的价格区间内会更有利于用户对店铺产生良好印象。商家在店铺的经营过程中要注重设置合理且具有优势的配送费，形成价格优势来吸引用户进店和下单。起送价也会成为影响用户决策判断的关键信息，用户会对自己订单的消费金额有个预估，如果店铺的起送价过高，那么很容易将用户拒之门外。

此外，外卖作为一项服务，商家应该将店铺的配送时长设置在合理的范围内。根据店铺的整体经营状况，商家选择合适的配送方式，避免配送时间过长，导致用户失去耐心，日后不在该店铺进行消费。

（4）丰富的活动更有吸引力

在外卖经营过程中，商家需要揣摩用户的消费心理，大部分的用户都喜欢店铺有折扣优惠，如果想吸引这些用户进店，商家需要做一些比较有吸引力的活动。

一般来说，满减和折扣是最基础的活动，商家必须按照合理的方式进行活动设置，增加店铺对用户的吸引力。满减活动设置要根据商家营销目的而设计，通常活动第一档的设计需要满足让人吃饱的要求，第二档满减力度要符合让一个人或者两个人吃饱的要求，第三档针对的是3~4人的就餐需求，还要防止用户拆单。

如果餐厅主打一人餐用餐场景，那么折扣力度是由大到小，第一档最大，第三档最小；如果餐厅主要的定位是多人餐用餐场景，那么折扣力度是由小到大。

想吸引不同类型的新老用户，商家需设计不同的活动。除了最常见的满减活动，还有减免配送费、代金券、新顾客立减 ×× 元等（见图 3-10）。每一种活动类型对应的营销目的是不一样的，商家需要结合自己当前经营阶段的经营目标，选择适合自己的营销活动类型。

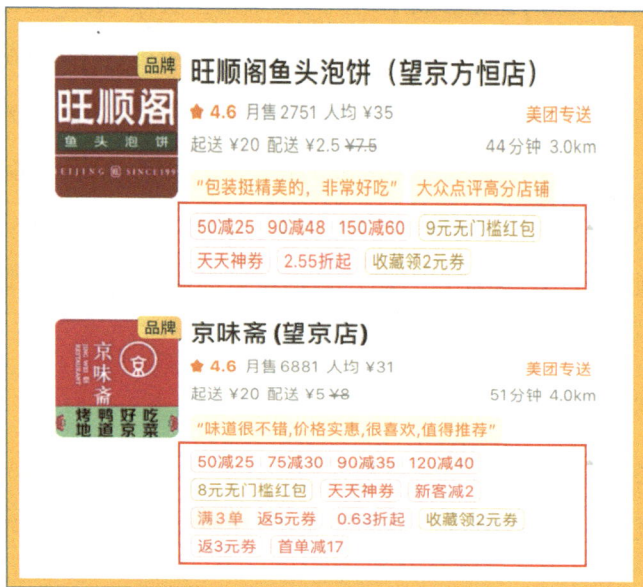

图 3-10　店铺营销活动多样化

4. 如何提升店铺的下单转化率

我们知道外卖和堂食的消费场景是不同的。堂食用户只要进入餐厅点餐基本上就确定会在餐厅消费了，外卖则不同，用户即便进入店铺点餐也不一定下单消费，所以对于外卖来说，提高下单转化率是十分重要的。

下单转化率是下单用户占进店用户的比重。下单转化率与店铺的装修、菜单结构、评论、口碑等因素有关系（见图 3-11）。那么，商家该如何吸引用户下单呢？

图 3-11　下单转化影响因素

（1）打造优质的店铺视觉效果

我们站在用户角度，试着思考一下：当用户进入店铺时，首先接触到的信息是什么？肯定是整个店铺的装修状况。肯在装修上花心思的店铺，很容易让用户在进店的一瞬间对店铺产生好感。

商家要保证整个店铺的装修设计能让用户产生食欲，让用户感觉店铺风格统一，产品质量有保证。店铺海报、店铺招牌、菜品图片的设计都要符合视觉规律，并且还应该突出店铺的相关信息，包括店铺的品牌特性、核心卖点、营销活动等。

此外，商家需要注重对店铺公告的优化，店铺公告的设置可以突出活动信息、自身优势、联系方式等，还可以对容易造成客诉的情况进行说明。但要切记，公告内容中不得包含商品敏感词，公告文本总计不得超过 120 字。

（2）菜品信息简洁清晰

菜品信息过多，会让用户选择困难，所以商家在外卖菜单设置上，一定要以让用户快速下单为目的。精简菜品、节省时间、少做选择的"傻瓜式"操作是最好的点餐体验。

　　店铺的菜品设置要遵循简洁清晰的原则，商家需要对店铺的菜品做好规划，将它们放入最合适的类目，并把最重要的菜品放到最前面。要让用户进入店铺就知道该店铺的特色菜品是什么，不需要费心思就能找到主打菜品，而且从店铺的菜品名称、菜品描述上面，用户可以很快判断出菜品能否满足自己的需求。

　　我们给菜单分类的主要目的是让用户可以快速找到自己想要的商品并且下单，有些商家的菜单没有设置分类，导致用户没有耐心查看，这样商家就会错失很多用户，无法提升店铺的下单转化率。

图 3-12　姥姥家春饼店菜单设置

　　姥姥家春饼店的菜单设计就非常好（见图 3-12）。我们都知道，吃春饼的时候，饼和菜都是必不可少的。姥姥家春饼店在菜单设置上，分类特别清晰，重要的菜品，如手作春饼、招牌热炒、特色菜都放在前面。此外，姥姥家春饼店的菜品分类也很有特色，每一个分类名称都字数相同，重点突出，并且还采用了小图标配合展示，十分生动形象。

　　当进入姥姥家春饼店时，用户很容易找到自己所需的菜品，不用花费过多的时间，店铺的下单转化率自然不会差。

（3）定价要与活动配合

　　菜品的价格也是用户下单的重要影响因素。

商家都知道，菜品定价要符合店铺的整体定位，菜品价格和同商圈同品类的菜品平均价格不能相差太多。除此之外，我们还可以多考虑菜品定价和店铺活动的匹配度，根据活动情况调整部分菜品的价格，提升用户下单的流畅度。

菜品价格是影响用户下单的最后一步，而店铺活动则会影响用户对价格的敏感程度。用户对菜品的感知价大于菜品的实付价，或者实际支付的价格比预期的要低，都可以提升下单转化率。

（4）全方位打造爆款菜品

店铺要努力打造爆款菜品。爆款菜品是外卖店铺的引流产品。打造爆款菜品可以减少顾客做选择的时间成本，有效提高下单转化率。

外卖消费人群普遍不愿意在选择上花费太多时间，这个时候一款爆品就可以帮用户做出选择。通常，爆款菜品要和店铺的主营品类一致。

（5）管理好店铺的评价

一家店铺评价区域的评价内容往往会对消费者起到决定性的引导作用。所以，商家要对店铺评价进行管理，在提供优质服务的同时不断积累好评，让用户能够最先看到用户对店铺的优质评价。商家对于负面评价则要积极、正面地回应，并对可能会造成差评的原因进行改善。

图 3-13 是两家店铺的评价区域页面。当打开店铺 A 的评价页面时，前排评论在说店铺的口味很好，包装严实，菜品送来还是热乎乎的；而打开店铺 B 的评价页面，前排评论在说店铺的服务不是很好，没有提供发票，菜品不新鲜等。

很明显，用户看到店铺 A 的评论更可能增加下单的意愿，而用户看到店铺 B 的评论肯定不想进行消费了。

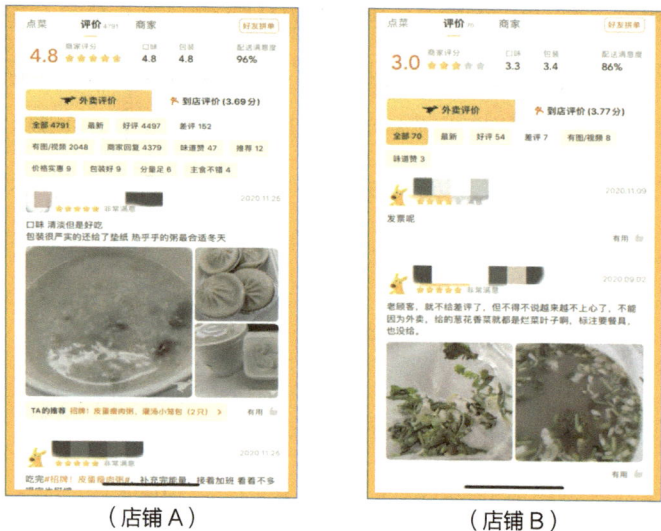

（店铺A）　　　　　　　（店铺B）

图3-13　某两家店铺评价区域对比

5. 提升店铺的复购率

我们可以把用户按照购买频次来划分为新用户和老用户。新用户的数量直接影响到门店短期内的收益状况，但是真正能够让店铺长久赢利的，还是老用户的持续性消费，因此，外卖店铺在增加曝光量吸引新用户的同时，一定不要忽视老用户的留存问题，要有效增加用户的购买频次。

店铺复购率是衡量一个店铺品质是否过关、服务是否优质的重要指标。它会对店铺在平台的排名产生积极的影响，并且能够有效维持店铺日常经营的稳定性，实现店铺的可持续发展。

如果店铺复购率很低，仅靠各种营销活动提升订单量，那么当活动力度减少时，新用户就会减少，店铺容易陷入没有活动就没有订单的不良循环。对大部分店铺来说，重点工作是提升老用户的流量转化，如何提升店铺复购率是每一家外卖店铺都要思考的。

（1）菜品品质高且及时更新

提升店铺复购率的核心点还是在于菜品。打造优质的菜品，保证用户的口味体验，做出独特且有竞争力的菜品，让更多的用户愿意消费、重复消费，这些是商家最应该关注的。

很多商家认为自家菜品的味道很不错，却没有真正去了解顾客的口味，建议商家多做调研，从用户的评价中筛选出与菜品味道相关的内容，设计出符合大众产品的口味。商家应该保证菜品质量的稳定性，这可以通过标准化操作得到保障。

此外，及时更新菜品，推出新品去替换滞销的菜品，带给用户新鲜感，也能有效提升店铺的复购率，但很多商家经常忽略这些。老用户再怎么喜欢吃一家的味道，也会有吃腻的一天，所以要合理的更新菜品，保持店铺菜品的竞争力。

（2）优化包装、提高配送效率

外卖也需要注重颜值。一个好的包装不仅体现店铺的形象，还能够体现出菜品的价值感，提升店铺在用户心中的位置，很多用户都是因为包装而格外偏爱一家店铺。

优质的菜品包装有很多作用，比如提升品牌价值感，增加菜品的颜值，但是最重要的是坚固耐用。送餐的过程中，优质的菜品包装可以抗摔、抗砸、防止菜品洒漏。让顾客收到一份完好无损的外卖，是菜品包装最重要的目标。

此外，配送速度也是影响用户再次下单的一个重要因素，出餐速度和配送速度不仅保证了商家菜品的口感，还有助于提升用户的满意度，提升用户再次购买的意愿，使其转化为忠诚用户。

（3）精细化管理、精准营销

在店铺积累了一定用户之后，为了提升店铺的复购率，商家要对用户进行精细化管理，从不同维度建立较为稳固且优质的用户口碑。

精细化管理用户是一种需要花费心思的运营手段，效果非常好。商家可以根据不同用户群体进行分类营销。

商家可以有效利用外卖平台提供的相关技术支持，对店铺的用户进行分类。只有做好用户分类，才能有针对性地去维护用户，有效提升用户的口碑。在进行精准营销的时候，商家要根据店铺的订单高峰时间段把控好发券的时间，这样容易达到预期的效果。

为了增加用户黏性，商家需要建立与用户的联系。不管是以微信群还是微信公众号的方式，商家都需要一个与用户沟通的桥梁。一方面可以"诱导"用户消费，另一方面也为用户提供了"售后保障"。如果用户用餐后对菜品有所不满，那么建立沟通渠道可以更方便地在线下将问题解决，避免用户在平台上给予差评。

此外，商家还应该积极鼓励和引导用户收藏店铺，这样当用户再次消费时，很容易想起收藏过的店铺，从而提升用户的购买频次。商家可以在店铺中新建一个提示用户收藏店铺的说明，向收藏店铺的用户赠送小礼品、代金券、收藏店铺加 × 元可换购商品等活动引导用户收藏店铺。

以金百万烤鸭为例，金百万会在每个用户点餐后发送一条问候短信并且提醒用户给予好评。此外，金百万还会建立用户微信群，除了可以及时搜集用户反馈意见，客服还会经常在微信群里或朋友圈发放一些优惠券，刺激用户消费，增强用户黏性。

活动设计

随着外卖市场不断发展，市场竞争日趋激烈，这意味着外卖精细化运营的时代已经来临，为了让店铺能一直保持竞争力，营销活动是必不可少的。

从运营角度来看，商家设置各种店铺活动，能够对整体运营效果产生较大的影响。较大力度的活动，能够为店铺带来明显的曝光增量。活动设置得有吸引力，就能够吸引用户入店，提升店铺的入店转化率。此外，活动规则不复杂，就会便于用户理解，能增加店铺的下单转化率。店铺活动在运营的每一个环节都至关重要。

从用户角度来看，作为一个消费者，基本都有想"获取优惠"的心理，而营销活动正是针对用户的这一心理来设计的。事实证明，无论哪一个行业、品类的日常经营都离不开营销活动的助力。它能够吸引用户，并刺激用户消费。

从营收角度来看，营销活动的重要作用就是为商家带来明显的收入增长。商家通过设置和推广合适的活动，能让那些原本不打算在自己店铺消费的人消费，能让那些原本只打算购买一件产品的人购买多件产品，并且还能让那些原本消费频次不高的用户提高下单频次。因此，营销活动具有很强的引导消费的能力。

总的来说，营销活动可以为商家带来流量，使商家能够获得品牌提升、销量增长的机会。

1. 营销活动的种类

店铺活动的种类多种多样，不同的活动有着不同的特点和作用。商家可以根据自己店铺的情况，选择合适的活动类型来实现自己的营销目的。

一般来说，店铺活动可以分为四种类型。第一种是热门活动，第二种是拉新活动，第三种是复购活动，第四种是提客单价活动。

（1）热门类活动

热门类活动主要包含满减活动、折扣商品、减配送费活动。

满减活动的主要形式为下单满 X 元减 Y 元，商家可设置 1~5 个满减金额的门槛。满减活动是商家活动的标配，除了要设计合适自身的活动力度，还要把握好活动的各个门槛设置。

折扣商品的主要形式为原价为 X 元，折扣价为 Y 元，商品放入购物车时的金额就是 Y 元。折扣商品的玩法多样，例如，可以把热门套餐设置为折扣商品，缩短用户下单时间。建议商家限制折扣商品数量，理性设置活动。

这里需要注意的是，部分地区会实行满减和折扣活动取最优的规则，因此商家要注意测算好营销成本，合理设置满减与折扣活动。

减配送费活动的主要形式为配送费立减 X 元，无门槛限制。这类活动对于对配送费敏感的用户作用比较大，能比较有效地提高用户访问转化率，起到引流的作用。

（2）拉新类活动

拉新类活动主要包含门店新客立减活动、平台新用户立减活动、店外发券活动。

门店新客立减活动的主要形式为门店新客下单立减 X 元，无门槛限制。这是提高新用户转化率最有效的手段，建议立减金额设置为门店客单价的 5%~10%。

平台新用户立减活动的主要形式为平台新用户下单立减 X 元，无门槛限制。平台会自动为符合条件的商家更新新用户立减活动。

店外发券活动的主要形式是将商家配置的券通过微信分享、天降红包、平台领券中心发放给目标用户。店外发券发放的是互斥券，和满减不可同时享用。

（3）复购类活动

复购类活动主要包含下单返券活动和集点返券活动。

下单返券活动主要形式是实际支付满 X 元可返还 Y 元商家代金券，X 元为门槛。用户下单后，商家通过返券形式吸引用户再次下单。这里建议，返券门槛要看活动目的，如果目的是拉高客单价，可以设置得稍高于客单价；如果单纯为了提高复购率，可以将门槛放低。代金券使用门槛建议高于客单价，且错开满减、满赠档位。

集点返券活动的主要形式是让用户通过完成下单任务的形式来获得优惠券。主要目的是用任务达标来吸引用户持续下单，可以有效提升用户的复购率。

（4）提客单价类活动

提客单价类活动主要包含店内领券、满赠活动、第二份半价活动。

店内领券活动的主要形式为进店可领 X 元代金券，满 Y 元可用，最多可同时设置 3 张券。建议商家根据店内客单价与满减档位适当提高代金券使用门槛。商家根据利润进行合理设置代金券金额。

满赠活动的主要形式为下单满 X 元，可赠送 Y，X 为门槛，Y 为赠送的商品。该活动能够有效提升门店客单价。建议门槛与满减档位错开，可稍高于客单价。建议赠品要有价值感，能吸引用户下单。

第二份半价活动的主要形式为购买某个商品，第二份半价（若商品为折扣商品，该商品就不能再设置第二份半价）。第二份半价的商品建议选择毛利高、对用户有价值、适合在同一订单里可重复购买的商品。

2. 不同店铺生命周期的活动设计

店铺生命周期一般会经历四个时期。根据店铺的经营发展状态，店铺生命周期可分为新店期、扩张期、稳定期、衰退期（见图 3-14）。

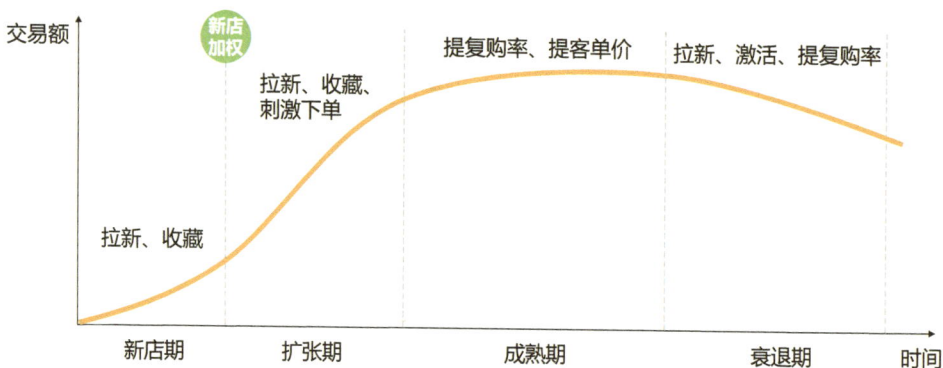

图 3-14　不同店铺生命周期的运营活动

商家在设计店铺运营活动时，应该注重了解和分析店铺当下所处的生命周期，在不同的生命周期的店铺所需的运营活动也有所不同。

（1）新店期的活动设计

店铺正式上线外卖平台，就进入了新店期这个发展阶段。当我们以新人身份在平台上开始运营店铺的时候，最需要的就是让更多的用户看见自己、认识自己，并且最好能够收到用户对于自身店铺的反馈信息。

处于新店期的店铺会有一个新店标签。这时运营活动的重点要放在拉新、鼓励用户收藏店铺、测试店铺菜品等方面，为店铺积累人气，打开市场，还能通过活动测试得知用户对不同菜品的反馈，从而及时调整菜品。

商家在设计满减活动时，满减门槛的设定要结合新店期的特点。第一档要考虑引流的作用，活动力度要大，能让所有下单的人都享受到；第二档要从凑单的目的出发来进行设计，活动力度适中；第三档及以后的门槛主要是为多人拼单设计，活动力度可以小一些，防止用户拆单，迎合用户想要多点多优惠的心理。

折扣商品的折扣力度可以大一些，在新店期，商家最好能够推出一款秒杀菜品和 2~3 款爆款菜品，这样有利于商家推广新菜品和打造店铺爆款菜品。秒杀菜品的价格范围可以在 0.1~0.99 元，爆款菜品的价格范围可以设置在 9.9~19.9 元。

商家还可以设置一些引导用户收藏店铺的活动。用户收藏过的店铺在商家列表中的位置更靠前，会优先被用户看见，从而增加曝光量。

此外，减免配送费和门店新客立减活动也能起到为新店铺拉新和引流的作用，商家应该在设计店铺运营活动时，对各个活动合理搭配。

（2）扩张期的活动设计

店铺在外卖平台上运营一段时间后，已经积累了一些用户好评和人气，但销量和老店铺相比依然没有优势，此时，店铺的运营重点是提升店铺的销量，刺激更多的用户下单。

因此，处于扩张期的店铺，运营活动的设计要在考虑拉新的同时，更加注重店铺的商品促销情况。

这时候的满减活动可以和新店期的设计规则一致。充分发挥第一档门槛的引流作用，持续为店铺带来增量。在打造折扣菜品时，也可以设置秒杀菜品和爆款菜品刺激用户下单。此外，在扩张期还可以设计减免配送费活动和对好评用户精准营销的活动。

为了有效提升店铺的销量，我们也可采取更具有针对性的运营活动。例如采用集点返券、发放会员红包等优惠活动刺激用户再次消费。

（3）成熟期的活动设计

当店铺已经具有一定的市场竞争力，拥有较高的订单量和较好的用户口碑时，店铺就进入了成熟发展期。对这个阶段的店铺来说，最主要的目标是活跃并维系好老用户，同时保持新用户增长。

商家在设计运营活动时，提高用户的复购率和客单价是首要目的。通过合理的运营活动，商家可以充分挖掘用户的消费潜力，提高用户的购买频次。

在打造折扣菜品时，依旧可以设置秒杀菜品和爆款菜品。在店铺经营的成熟期，秒杀菜品可以只针对门店新用户。

为了提升用户的活跃度，商家还可以设计进店领券、会员红包、超值换购、集点返券等活动，这些活动能有效提升用户的复购率，并且有助于客单价的提升。

此外，减免配送费活动也可以继续推行。在设计精准营销活动时，我们的侧重点就要放在潜力客户和流失用户上，尽可能活跃老用户并保持新用户的稳定增长。

（4）衰退期的活动设计

在店铺经营的衰退阶段，菜品已经逐渐失去竞争力，菜品的销量和利润持续下降，不能适应市场的需求。这时候商家要通过运营手段做好用户回流工作，积极创新和寻求转型的新机会。

这一阶段我们设计店铺活动的时候，重心应该放在精准营销上。通过一系列精准营销的活动，吸引店铺的老用户，提升店铺的销量和评价，尽可能改善店铺的经营状况。

此外，店铺在这个阶段，还是应该设置满减活动和折扣菜活动。满减活动的设计方式和店铺成熟期的一样，主要是第二档的活动力度要大，增加店铺的收入。在设计折扣菜活动的时候，秒杀菜品可以只针对门店新用户，而爆款菜品可以用来推荐新品。因为这个阶段的主要目标就是尽力做好用户回流工作，同时更新菜品，寻求创新和转型机会，满足用户新的需求，从而抢占市场。

为了给店铺拉新、促活和提升用户复购率，商家还可以设置立减配送费活动、会员红包活动、进店领券活动、超值换购活动等。商家可以根据自身的具体情况，来选取合适的组合活动，提升店铺的人气。

3. 节日节气活动的设计方法

（1）节日节气活动的重要性

节日节气活动有别于常规性营销活动，它往往呈现出集中性、突发性、反常性和规模性的特点。由于节日节气自带流量，并且属于可预测热点，是每年商家重点营销策划的活动。

对商家来说，节日节气活动的主要目的是实现店铺曝光和产品销量转化。商家在发起一个活动的时候，肯定希望活动能够被更多人体验以及用户体验后能达成转化，这是活动营销的底层逻辑。

我们利用节日节气做活动能有效提升店铺的流量，吸引用户进入店铺消费。利用节日节气活动还能提升老用户的复购率，增加老用户的消费频次，让老用户对店铺有更深的印象。商家还可以借助节日节气营销，强化店铺的品牌形象，拉近店铺与用户之间的关系。此外，巧妙地设置节日节气营销活动还能够促进用户进行自传播，帮商家宣传活动，为商家带来更多的品牌曝光和品牌口碑的积累。

（2）节日节气活动的设计方法

节日节气是每一个行业都不会错过的促销热点，餐饮业更是如此。节日节气活动本身带有仪式感和特殊性，具有获得公众注意力的天然属性。此外，大部分沿袭至今的节日节气，都有较为深厚的文化或情感内核。那么商家该如何合理地设计节日节气活动呢？

首先，商家要确定活动目标。每一场活动的设计都有自己的主题设定，具有显著特点的节日节气活动更是如此。因此，针对不同的节日节气要设计不同的活动主题，如情人节的主题是爱情，中秋节的主题是团圆等。我们要明确每一个节日节气所面向的目标群体是谁，他们有什么特征，所需要的产品和服务到底是什么，这些需求和平常有什么区别。这样，我们才能精准的把握节日节气活动的特点，针对其特点设计出合理的活动方案，满足目标用户需求。

其次，要根据不同的节日节气匹配对应的活动内容。一个活动从创意萌发到实施完成，是一个系统的过程，商家要在节日节气之前制定好方案，做好预热。在设计节日节气活动时，商家要有正确的节奏感，切忌盲目跟风。商家可以根据节日节气的特点，选择和自己品牌和项目较为匹配的节日节气进行营销，做出自己的特色。

在常规类节日节气中，商家可以根据节日节气的主题，推出相应的菜品，满足用户对该节日节气的消费需求。此外，我们还可以借助节日的这个特殊节点，适当地推出新品，带给用户新鲜感，这样新品也更容易成功。

在大促类节日中，活动的主要目的是进行促销。因此，商家在设计活动时，可以加大活动的优惠力度，有效吸引用户下单。并且我们还要大范围提升活动的曝光量，让更多的用户被活动吸引，增加消费的可能性。

最后，当活动的目标和内容都确定好后，商家应该选择合适的活动呈现形式，实现节日节气营销活动的最终落地。一般来说，活动最好采取图文结合的形式，更利于传递活动信息。活动的规则和文字描述要简单清晰，减少用户的理解难度。活动的呈现要利用好外卖平台的功能，例如，菜品名称、菜品顺序、菜品价格等模块都能够有效体现活动信息，帮助营销活动落地。

商家要利用好店铺装修，打造节日氛围，传递活动信息。商家可以更换店铺的招牌、海报等，让用户感受到节日的氛围，增加心理上的愉悦感，提升下单转化率。

为了增加节日活动的曝光量，商家还可以积极参与平台的流量活动，按照平台的主题活动去设置对应的活动，为自己的店铺获取流量入口。

此外，节日节气的营销活动最好能够抓住线下流量入口。商家可以在线下门店设置一些宣传线上营销活动的海报，文案中突出外卖活动信息，标明配送范围，突出活动主题，吸引线下用户。

为了使整个节日节气活动的效果达到最佳，我们还可以创造用户收餐时的惊喜。例如，可以随餐品附赠一些节日小礼品、节日问候小卡片等，给用户预期之外的服务，这有利于获得用户口碑，提升店铺的整体形象。

付费推广

在我们的日常生活中，餐饮门店的广告会出现在各种场景中。商场横幅、地铁广告牌、电梯海报、街头传单等都是餐饮商家选择的广告方式。

外卖商家也需要运用广告来被更多的用户看到。这就需要商家使用一些付费推广产品，来有效地为店铺打广告。

这里需要明确的是，购买付费推广产品不能单纯地理解为购买订单量，二者是存在一定的转化逻辑关系的。店铺的销量是受曝光量、入店转化率、下单转化率等因素综合影响的，付费推广产品是基于这些因素进行设计的，并有不同的功能侧重点。总的来说，商家想要提升店铺流量和订单量，选择付费推广是一种不错的方式。

商家可以根据自身的具体需求，选择是否使用付费推广产品对店铺进行经营改善。

1. 推广产品的类型及使用方式

揽客宝、铂金展位、为你优选、超级流量卡，这些都属于按展示收费的产品，收费标准被称为千人成本（简称 CPM），它们的特点是：显示即收费，能对店铺产生强曝光，能承载丰富多样的宣传内容和形式。但是对宣传内容的质量要求比较高，需要商家精心设计宣传方案。所以这类付费推广产品需要较高的进店转化和下单转化才能有较高性价比，比较适合大品牌、低客单、刚需、主要针对老客的商家投放。性价比评估：推广总花费 /（曝光次数 × 点击率）= 单次点击金额。

揽客宝能够聚合店铺优惠信息将其主动推荐给潜在用户，吸引用户下单并提升店铺订单量。曝光位置主要是天降红包、套餐推荐、分享红包，覆盖用户从外卖点餐到社交分享的全部场景。

铂金展位是一款品质商家专属的推广产品，支持图片、动画、视频多形态传播，营业时间内，会在外卖平台首页的"附近商家"上方展示，店铺配送范围内的用户可看到。

为你优选位于外卖平台首页列表，在落地页的第二和第五位置。超级流量卡位于"附近商家"列表第六位、顶部横幅第二帧或第三帧。

点金推广属于按点击收费的产品，被称为 CPC（Cost Per Click，按点击收费），它的特点是：只有产生了点击才收费，它会过滤掉一些无效显示，带来的订单转化情况比较好预判，对整体宣传内容的质量要求不是很高。但因为形式有限，向用户宣传的内容不多，需要商家思考清楚营销侧重点。这类付费推广产品有正常或较高的下单转化才能具有较高性价比，几乎适用绝大部分情况。性价比评估：推广总花费 / 总点击次数 = 单次点击的广告金额。

点金推广是一种按效果计费的推广产品，推广商家会在美团外卖首页、频道页、搜索页等列表浮动展示。商家可结合定向推广、智能出价等手段优化效果，并结合推广实况地图查看推广效果。推广位置受出价及门店质量（评分、缺陷订单率、转化率等）影响（见表 3-1）。

表 3-1　点金推广的展示位置

入口	推广位置（浮动广告位）
列表首页	列表页前 50 位中的 12 个位置
美食金刚位	（除第一位外，用户转化最高的 12 个位置）
其他金刚位	列表页第 5、10、15、20、25 位

2. CPC 类推广的出价技巧

一般来说，商家购买相关推广产品后，具体的展示规则是要参考店铺的整体质量分和商家的出价情况的。当有两个及以上的商家出价相同时，门店综合质量高的商家会被优先展示。因此，商家在购买推广产品前，要检查店铺的进店转化率、下单转化率、店铺评分、复购率等指标，明确自己店铺的综合质量，从而对推广效果有一定的心理预期。

单次点击的出价会直接影响商家购买 CPC 类推广产品后是否能赢利，那么如何找到出价的盈亏平衡点呢？

- 第一步：明确自己的预算，例如预算 200 元，想要实现的下单转化率为 11.35%，平均每单利润为 11.3 元。

- 第二步，计算需要实现的最少订单量，最少需要产出的订单量 =200 元预算 /11.3 元利润 =17.7 单。

- 第三步：计算需要实现的进店次数，进店次数 =17.7 单 /11.35% 下单转化率 =156 次。

- 第四步：计算 CPC 单次点击出价，CPC 单次点击出价 = 预算 / 进店次数（点击次数）=200 元 /156 次 =1.3 元 / 次。

通过以上公式计算出，1.3 元为这家店铺推广出价的盈亏平衡点，如果实际出价低于 1.3 元，那么整体看下来就是盈利的。反之如果出价高于 1.3 元，那就是亏损的。

假设在每日推广预算不变的情况下，商家想提升单次出价的空间，唯一能变化的就是下单转化率。如果店铺曝光给更多符合店铺定位的精准用户，用户下单转化率随之增加，我们将这种曝光称为有效曝光。那么，如何购买到更多的有效曝光呢？

第一种方法是智能托管，我们推荐新手商家使用这种方法。智能托管是由系统根据商家历史数据、所在区域的流量，实时调整出价，把门店展现给"下单可能性大"的用户。商家无须手动调整出价，只需要选择一种推广模式，系统能通过大数据测算，实时自动调整出价，并智能展示给那些更具有消费潜力的用户，提升店铺的推广效果。这种方法完全依托于系统的算法，优势是节省商家的时间和精力，劣势是无法结合店铺的经营阶段来满足商家的个性化需求。

第二种是手动出价 + 定向推广的方式，商家可选择不同时间段、新 / 老用户、不同区域提高出价，重点推广，达到有针对性地推广的目的。

对于定向推广来说，商家可以选择时间定向的方式。工作日、周末分开去看，不同的时段推广效果不同，竞争程度也不同。商家要按照时段订单占比去规划自己的每日预算，并且根据自己的产品属性去定向投放。

用户定向是店铺在经营一段时间以后，新老用户占比存在失衡的情况下使用的。商家根据自己的经营状况，需要加大拉新力度的时候就多定向推广至新用户，需要提升店铺复购率维护老用户的时候就多定向推广至老用户。

区域定向需要商家了解潜力商圈的竞品情况，多了解同商圈范围内，其他店铺的菜品结构、活动力度等，选择自己要定向推广的潜力商圈。此外，商家在选择区域定向的时候，还是要把工作日、周末分开去看，不同时段下商圈表现不同。一般来说，区域定向的推广更适合在店铺需要调整客单价的时候进行投放。

3. 不同发展阶段的店铺对推广工具的选择

处于不同生命阶段的店铺需要的推广工具也不同。我们应该根据店铺所处的阶段来选择合适的付费推广产品，起到相应的营销目的。

处于新店期的门店需要快速增加订单，保证店铺存活。因此，我们推荐商家选取点金推广、超级流量卡、袋鼠店长等推广工具。但要注意的是，这些推广工具的使用需要配合有吸引力的活动，提升进店量和用户留存数。

处于扩张期的店铺更需要曝光和保持订单量稳步增长。这时比较适合点金推广、揽客宝、津贴联盟、金字招牌等推广工具。商家在使用这些推广工具的时候，一定要重点关注店铺的复购率和转化率，确保推广效果。

处于成熟期的店铺主要的目标就是稳定经营，寻求新的增长点。我们会比较推荐点金推广、揽客宝、为你优选、铂金展位、津贴联盟等推广工具。在设计推广活动的时候，商家要注重维护评价，注重推出新老客差异化活动。此外，处于成熟期想扩大影响力的店铺，此时的经营更需要扩大规模，塑造品牌。比较适合的推广工具包括点金推广、铂金展位、袋鼠店长。

处于衰退期的店铺，推广工具选择点金推广、超级流量卡、金字招牌等比较合适。值得注意的是，此时店铺应该差异化线上线下菜品，加大活动力度。

团队搭建

随着市场环境的不断变化，每一个行业都面临新的变革和挑战，餐饮行业也不例外。餐饮企业为了适应新的市场环境，需要更具有创新力和战斗力的组织。因此，团队工作的方式正被越来越多的餐饮商家所采用。对餐饮企业而言，搭建优秀的团队已经成为自身参与市场竞争的有力武器。

1.如何搭建外卖团队

餐饮企业已经在团队搭建方面探索出不少的经验和方法，也在不断创新。通过对餐饮业务整体流程的梳理，餐饮企业可以在每一个环节中设置所需要的岗位，安排相应的人员来实现岗位目标，从而形成一支优秀的经营管理团队。

之前传统餐饮企业的团队搭建，主要围绕的是对线下门店的管理和建设，整个业务的发展重心是在堂食上。并没有在组织架构中设置过与外卖业务相关的岗位，只能根据外卖业务的发展情况，并结合自身原有的管理模式，进行一定的调整和优化。

那么，餐饮商家该如何合理地搭建外卖团队呢？

（1）合理评估自身的经营发展状况

外卖业务对餐饮行业的重要性不言而喻。餐饮商家想保持市场竞争力，必须重视外卖业务的深化发展，搭建科学合理的外卖团队就至关重要。

团队搭建是为了业务能够更好地发展，本质上是为企业的经营服务的。所以，我们在进行外卖业务的团队搭建时，一定要结合企业自身的经营发展状况。企业在不同的发展阶段所需要的工作团队也是存在明显差异的。

比如，在外卖业务发展初期，整体业务量还比较小，商家不需要搭建过于庞大和完备的外卖团队。根据业务情况，选择重要且不可或缺的外卖岗位进行设置即可。随着外卖业务量的不断增长，形成一定的发展规模后，我们就要考虑设置相对完备的外卖岗位，搭建一支专业且人员配备合理的外卖团队，有效保证外卖业务的可持续发展。

对传统的餐饮企业来说，外卖团队的搭建很有可能是在过去已有的组织架构里增设一些专门为外卖业务服务的岗位，更多地与市场部配合。新成立的餐饮企业可以在设计整体的组织架构时，把堂食业务和外卖业务一起考虑，成立专门的事业部来对外卖业务进行统一的经营管理。

（2）设置符合自身经营特性的外卖岗位

外卖业务有其独特的经营特性。相较于堂食业务，外卖业务需要具备更多线上经营的思维。因此，商家在进行外卖团队搭建的时候，需要设置很多堂食业务不具备的岗位，而这些岗位具有互联网思维的特性。

一个完备的外卖团队，需要有一个外卖业务总负责人领导。在外卖业务负责人下面，会有运营策划人员、设计人员、绩效考评人员、门店店长、数据分析人员、培训人员和线下营运人员等。人员分工明确，有清晰的定位和职责，通过相互配合协作，共同推动外卖业务发展。

餐饮商家在搭建外卖团队时，要根据自身的经营特点来设置外卖岗位，可以在组织架构的建构中进行合理的创新和因地制宜。

（3）定期优化组织结构，进行相应的创新

餐饮企业是在不断发展的，外卖业务在不同的时期有不同的特点。外卖组织架构的设计和调整，应当是管理者重点关注的工作。外卖团队的搭建过于领先或者过于落后，都会带来组织架构设计的失败，浪费企业的资源。

在经营中，并不存在完美的组织架构，不同的组织架构都有自身的优缺点。餐饮企业可以根据自身的发展定位、业务特点、发展阶段，设计符合当下整体经营情况的组织架构。

外卖组织架构的设计并不是一件一劳永逸的事情，是需要定期进行优化和创新的。市场环境在不断变化，竞争对手和用户需求也在不断变化，餐饮企业要根据实际情况的变化来调整自身的外卖团队，不断提高团队的能力、效率、质量和效益。

2.外卖团队绩效提升方法

搭建好外卖团队后餐饮企业需要观察和思考现有的外卖团队是否符合自身的经营和发展需要，并进行整体的评估和考核。这在企业人事管理中，被称为绩效管理。

绩效管理，是指各级管理者和员工为了达到组织目标，共同参与的绩效计划制定、绩效辅导沟通、绩效考核评价、绩效结果应用、绩效目标提升的持续循环过程，绩效管理的目的是持续提升个人、部门和组织的绩效。

而绩效考核是绩效管理的重要内容。绩效考核通常也称为业绩考评，是针对企业中每个员工所承担的工作，应用各种科学的定性和定量的方法，对员工行为的实际效果及其对企业的贡献或价值进行考核和评价。绩效考评的核心就是通过考核提高每个员工的效率，最终实现企业的目标。

（1）绩效管理的目的和作用

对餐饮企业来说，考核外卖团队能有效地改善自身的经营管理状况。绩效管理本质上是一种过程管理，而不仅仅是对结果的考核。绩效管理的最终目的是发现企业和员工的问题、改进问题，找到差距并进行提升，最后达到双赢。

绩效管理能够保证外卖业务战略目标的顺利实现，它将业务的发展目标、团队业绩和个人业绩集合，通过持续改善个人业绩和团队业绩来改善外卖业务的整体业绩，并确保餐饮企业战略的执行和业务目标的实现。餐饮企业会制定长期的发展目标及发展规划，管理者将公司的年度经营目标向各个部门分解成为部门的年度业绩目标，各个目标向每个岗位分解核心指标则成为每个岗位的关键业绩指标。

绩效管理能够促进外卖管理流程和业务流程的优化。经营管理涉及对人和对事的管理，对人的管理主要是激励和约束问题，对事的管理就是流程问题。所谓流程，就是一件事情或者一个业务如何运作，涉及因何而做、由谁来做、如何去做、做完了传递给谁等几个方面的问题，这四个环节的不同安排都会对产出结果有很大的影响，极大地影响团队的效率。

绩效管理能够有效提升团队和个人的绩效。绩效考核通过设定科学合理的组织目标、部门目标和个人目标，为员工指明了努力方向。管理者通过绩效辅导及时发现下属工作中存在的问题，给下属提供必要的工作指导和资源支持，下属通过工作态度以及工作方法的改进，保证绩效目标的实现。此外，绩效管理通过对员工进行甄选与区分，保证优秀人才脱颖而出，同时淘汰不合适的人员。绩效管理能使内部人才得到成长，同时能吸引外部优秀人才，使人力资源满足团队发展的需要，促进团队绩效和个人绩效的提升。

（2）绩效管理的方式

在外卖业务的经营管理中，为了让整个团队发挥出最大的价值，我们势必要进行有效的绩效管理，提升团队和员工的绩效，增强其业务能力、协作能力和整体竞争力。

在绩效管理过程中，餐饮企业应该让所有的员工都明确目标，没有明确的目标，团队不可能有高绩效。企业要用人所长，应该把每一个员工安排在适合的岗位上，确保用其所长。此外，企业要加强培训，培训可以提升员工的绩效，进而提升部门和整个组织的绩效。这里需要指出的是，培训应该是依据外卖业务的需求长期地、持续地、有计划地进行的。

绩效管理非常重要的一点就是建立清晰的绩效考核标准。团队绩效考核的方法主要有三种。

① 结果法，对具体的业绩指标进行考核，例如营业额、转化率、好评等，用结果作为考核标准。

② 过程法，对外卖业务可能会涉及的所有流程都进行考核。

③ 360度考核法，对员工的上级、下级，同事或者其他人都要进行考核。

餐饮企业可以根据自身的业务发展需求，选择合适的绩效考核方法。

绩效考核的周期可以是一个月、一个季度或者一年。但是，监控应该是随时随地进行的。监控不及时，不能获得全面、客观的评估信息。绩效考核的结果一定要和被考核者沟通。特别是对考核结果不太认同的这一部分人，一定要做好沟通，沟通的过程又是一个培训的过程。值得注意的是，绩效考核必须要与员工的薪酬和晋升挂钩，成为公司薪酬发放的依据才能保证激励的有效。

大鸭梨公司对外卖的重视度很高，配置有专门的外卖业务负责人。在公司业务线上，外卖是独立运营，外卖负责人直接向CEO汇报。此外，外卖业务中有运营策略团队，还有考评团队、门店店长。公司对于外卖业务是有一套绩效考核方式的，整体上管理比较严格。门店管控考核数据是按照日来进行设置的，有问题团队当天必须解决，并且每天都会有经营日报。此外，门店管理是以周为单位进行惩罚标准设置，根据收入状况决定可以允许的差评数量，超过这个数量标准，就会下调该门店的满减活动档位数。

公司的整体绩效考核标准非常翔实，对于整体的管理起到了有效的推动作用。依托这个体系，大鸭梨的晋升机制非常通畅，还有人才海选制度，例如门店的菜品受欢迎，销量高就会有奖金，晋升概率也就更大，这样做极大地提升了员工的工作积极性。

3. 重点外卖工作岗位日常工作流程

餐饮企业要明确每一个岗位的价值，将外卖业务发展目标和团队搭建有机结合，充分发挥管理价值。

运营策略团队需要设计外卖店铺的整个线上运营策略，包括各种营销活动和付费推广工具，帮助企业提升外卖店铺的转化率等数据指标。

设计团队主要负责店铺装修的工作，包括设计店铺头图、店铺海报、店铺招牌、菜品图片、活动图片等，通过设计出具有吸引力的图片来为店铺经营贡献力量。

门店店长对单门店的外卖业务进行统筹管理，包括制定单门店的业绩目标，构想单门店的业务发展策略，管理单门店的业务人员，并在外卖业务的每一个流程进行把控，从而确保并推动单门店外卖业务的发展。

数据分析团队通过对外卖业务的各项数据指标进行分析，从中寻找可以改善经营管理的点，落实到实际的业务操作中。外卖业务是线上业务，能够积累非常多有价值的数据，为外卖店铺的经营决策提供有效参考。

线下运营团队负责的是整个外卖操作工作的标准化。例如，每天早上的晨检工作，去查看平台是否能够正常接单，菜品供给情况如何，活动运营是否正常。对接单操作进行确认，有无预订单，看小票，设置好自动接单。还有打包工作，菜品冷热生熟分装，贴标签，核对小票信息，确保菜品稳定和食品安全。

绩效考评团队就是对整个外卖团队进行绩效管理，搭建合理的人事管理制度，设计合理的绩效考核标准，推动整个团队的效能得到最大挖掘。

第四步

出品提效

订单管理

随着外卖业务的发展，大量的外卖订单给餐饮商家的运营带来了一定压力，因此外卖订单管理的重要性就凸显出来了。那么到底如何有效地进行外卖订单管理呢？

确保某项工作能够长期有条不紊地进行下去，最有效的方式就是明确流程，建立可持续运转的模式。因此，对于外卖订单管理来说，我们梳理出了一套完整的流程图（见图 4-1），方便各位商家对照自身经营进行精细化的管理。

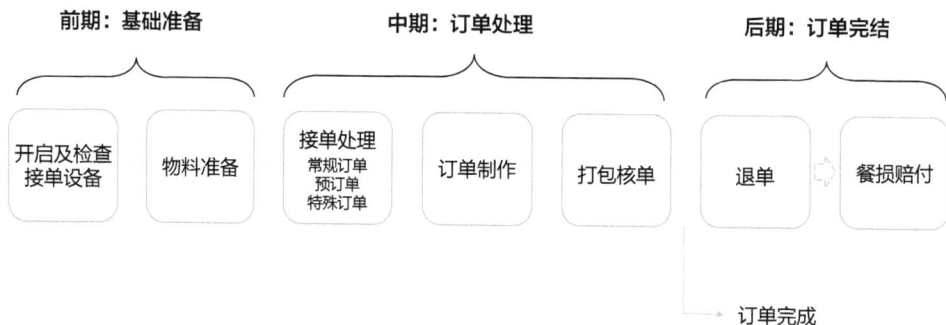

图 4-1　外卖订单管理流程

1. 外卖订单前期管理：基础准备

有些商家可能认为在订单管理工作中只需要做好订单处理，其余的步骤不会影响到订单处理效率。其实不然，外卖订单管理是一个流程化的工作，是需要多个环节有效配合的。

在外卖订单管理的前期，商家主要是要做好基础准备工作，包括接单设备的检查和物料的准备。

刚开始的时候，外卖接单设备使用起来非常复杂，需要用手机 App 或者电脑连接打印机,设置各种参数之后才能正常接单,整体操作很烦琐。而现在,随着科技的不断发展,已经有了操作非常方便的外卖接单打印一体机(见图 4-2),无需手机和电脑,可将其设置为自动接单和打印,比如美团研发的云打印机(见图 4-3),再也不需要员工时时盯着接单设备,有效地提高了店铺人效。

图 4-2 外卖接单打印机

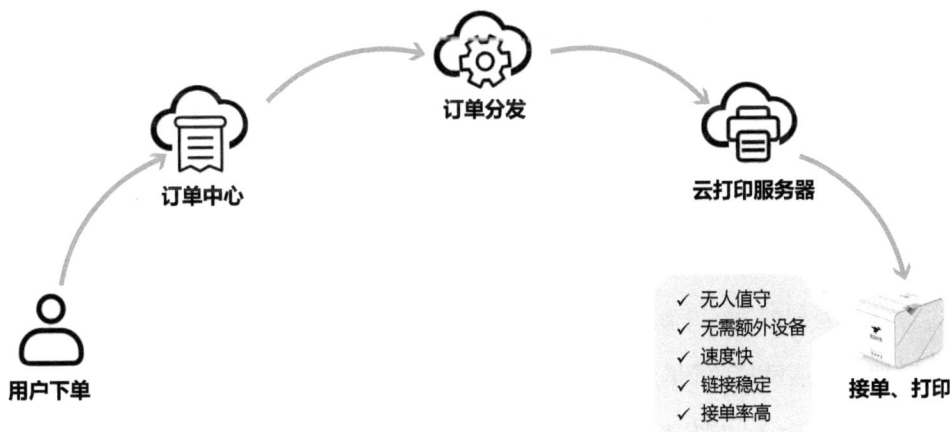

图 4-3 美团的云打印机

每天在正式营业前，商家要检查好外卖接单设备，并且进行试用，避免出现菜品名称显示不全、菜品信息模糊、POS 机不支持某些功能等问题。此外，外卖小票的设置也大有学问。小票上的字号决定了热敏纸的用量和成本，商家应该根据自身菜单的实际情况，选择合适的小票字体大小，为店铺节约一定的成本。外卖小票也不单单只有订单告示的作用，商家还可以在小票打印中设置添加二维码，例如可以设置门店二维码，引导用户扫码形成私域流量。值得一提的是，星巴克把开发票的二维码设置在外卖小票上了，方便用户获取发票，感兴趣的商家可以模仿。

除了调试好外卖接单设备，商家也要准备好物料。这里物料主要是指耗材，例如热敏纸、餐盒、餐具、包装袋等。商家要根据自身的经营状况，计算好店铺每天所需的耗材，防止出现耗材不够使用的情况，影响店铺的接单效率。

2.外卖订单中期管理：订单处理

正式开始经营后，商家就要真正操作订单处理工作了，这是在整个订单管理流程中非要重要的一个步骤。高效的订单处理是一个店铺正常运营的重要保障，如果一家店铺无法及时有效地处理用户订单，并且订单处理流程很混乱，那么会非常影响用户的消费体验，从而导致店铺整体经营不善，丧失竞争力。

（1）接单处理

订单处理的第一个核心环节就是要进行接单处理。所谓的订单处理就是要及时地处理店铺接收到的预订单、常规订单、特殊订单等。

首先来说一下预订单，这是保证店铺收益最大化的一种功能。开启该功能后，在店铺的非营业时间，用户可以通过预订单的方式进行下单。若未开启该功能，在店铺非营业时间，用户则无法下单，造成不必要的营业额流失。此外，商家可以根据预订单的数量来预估某个品类的整体订单量，从而做好预制管理，减少食材浪费并节约成本。预订单的功能可在外卖商家端后台进行设置。

需要注意的是，预订单接单规则是门店在开业时间后的最初3分钟内（含3分钟）需处理完所有预订单，否则系统会取消订单，并记入店铺的缺陷订单。因此，商家营业后，必须及时处理预订单，否则会影响店铺的健康值。

其次是常规订单。根据店铺日常经营过程中的不同环节，我们将常规订单处理分为新订单、待出餐、待发配送。新订单必须要在3分钟之内接单，商家主动取消接单会影响商家排名。超过3分钟未接单，会被标记超时，超过5分钟未接单，订单自动取消，均会影响商家排名。这里建议商家设置成自动接单，防止店铺出现过多无效订单。

如果订单状态显示为待出餐，商家一定要明确自身是否能够及时出餐。如遇特殊情况无法及时出餐，可与用户协商取消订单，如果餐品已提前准备好，需点击"出餐完成"。

当订单显示为待发配送时，商家可以关注骑手接单的情况。配送方式的选择会根据签约合作方式有所不同。在长时间没有骑手接单的情况下，商家也可选择自己配送。

最后来说一下特殊订单如何处理。商家在经营中，肯定会遇到各种各样的古怪订单，这里需要掌握一些处理特殊订单的技巧。例如，有些订单会有恶意备注，比如"不给赠品就差评"，遇到这种情况，商家可以申诉，平台会进行处理。有些订单会有一些善意备注，比如"给我在小票上画个小猪佩奇"，这样的备注商家可以根据自身情况来满足用户，可能还会因此拥有了一个忠诚用户。此外，用户有时候会直接选择再来一单，这时候订单备注的内容是重复上一单的，商家遇到这类问题可以联系用户，询问清楚。还有，有时候用户选择不要餐具，订单备注却显示要餐具，这时商家也可以联系用户或者直接按备注要求进行处理，毕竟备注是用户主动填写的特殊需求。

对于大额订单，国家规定，对 15 份以上的订单，商家必须有"网络订餐证"才能接单，这是出于保障食品安全和避免产品问题的考虑。因此，商家应该及时获取相应资质，满足用户大额订单需求。

（2）订单制作

订单制作需要前厅后场紧密配合、共同合作，从而推动店铺高效出餐。如果前厅后场不能合理地分工协作，那么常常会出现做不出来菜品、菜品做出来送不出去、出错菜品、预制备货量不合理等问题，很影响店铺的正常运转。

商家在进行订单制作时，可以依据厨房出餐模式将订单小票集中放置在合理的位置，方便自身出餐。这里推荐商家使用压单器，可以将所有单据按照时间顺序先后排列，左进右出。根据人眼习惯，一个压单器中最好放置 6 张左右的小票。

为了提升店铺的订单制作效率，商家可采取预制模式缓解高峰期出餐压力。根据快餐预制模式的运作特点，压单器的位置最好设置在总配台，可方便不同岗位的员工进行操作。此外，店铺如果遇到没有办法进行预制的特殊订单，例如要求免辣等，这样只能采取现接单现制作的方式。

此外，商家通过对档口的合理设置，同样可以提升出餐效率。对于快餐来说，档口之间的位置会比较近，方便组合成套餐进行汇集制作。但是对于中餐来说，档口之间的位置有可能会隔得比较远，商家在设计套餐的时候，一定要考虑动线和人效，并且建议把压单器放在各个出品操作台上，因为没有总配人员来控制总量，需要各个档口依据订单小票进行出餐。

（3）打包核单

订单完成制作后，商家就需要进行打包核单了。商家根据店铺的包装规则，将制作好的菜品打包，方便骑手配送和用户消费。

这里需要商家重点进行订单核对，确保店铺出餐无误。这里有几个核心要点需要商家仔细核对，从而进行有效的店铺管理。

第一，预订单的标注。商家需要估算预订单的出餐时间和配送时间。防止出餐过早，导致餐品放凉。而出餐过晚，又会造成配送超时。这里建议商家在预订单上做额外标注，提醒自己预订单的时间限制。

第二，关注订单上的实付金额。如果过多的店铺订单出现实付金额很低的情况，商家就要检查店铺的活动设置是否出现问题，并加以改进。

第三，关注饮料的特别备注。检查小票上是否有饮料，如果有，一定要标注出来，方便提醒工作人员。为了防止用户所需要的冰可乐变成常温的，饮料一般是不会放在保温柜的。此外，取餐的时候，骑手也可以通过小票信息检查是否取了饮料，防止漏拿商品。

第四，活动的关注。要检查小票中的优惠情况和红包使用情况，检查店铺的活动是否出现操作失误，是否有时间设置不对或者活动金额设置有误的情况。

第五，未配齐产品的处理。当订单所包含的产品还未全部出餐时，商家应该把订单进行特殊标记或者放在骑手不易误拿的位置，方便双方的工作配合。

第六，注意配送地址与联系方式。商家可以通过订单地址来分析自己店铺的热点商圈有哪些，明确自身的经营重点和方向。此外，商家还可以通过小票获取用户的联系方式，维护店铺与用户之间的关系，提升复购率。

3. 外卖订单后期管理：订单完结

在日常经营中，外卖商家不可避免地会遇到用户退单的情况。在这种情况下，商家不要慌张，可以按照退单原因进行订单分类，按照对应的退单处理原则进行处理。

如果是菜品有问题、商家无法配送、商家取消订单或超时未接单，这些情况是需要商家承担责任进行赔付的，商家需要退款给用户。如果是用户临时不想下单、写错地址电话、买错买多等情况，这是需要用户承担责任的，商家可以与用户协商是否退款。此外，对于平台原因造成的退单，例如骑手无法配送、配送商品丢失、骑手送错地址等，商家可以与骑手确认后退款，再申请餐损。

无论是出现哪种退单，我们都需要对用户进行安抚，得到用户的谅解并且协商解决方案。如果我们可以有效地解决用户的问题，那么他很有可能成为我们的忠实用户。还有，商家一定要在出餐完成后，及时点击出餐完成按钮，明确自身出餐进度。如果出现特殊情况影响运力，商家一定要安抚用户，并且及时和骑手进行沟通，探讨解决方式。商家一定要明确退单处理的原则，熟悉退款须知，确保按照合理的方式进行退单处理及餐损赔付。

出品流程

我们将外卖出品流程分为：备餐期、生产期、打包期（见图4-4）。要打造优质的外卖出品流程，就要做好基础准备工作。商家要依据自身的经营特性、发展目标及用户需求等，围绕服务、品质、清洁（QSC），建立门店操作流程表（SOP），并设立岗位观察检查表（SOC）。

| 基础准备 | 围绕服务、品质、清洁（QSC），建立门店操作流程表（SOP）＋岗位观察检查表（SOC） |

备餐期 精准预估，有效预制	**生产期** 减少出错，提升效率	**打包期** 高效协同、明确标准
预制菜品选择 预制菜品量预估 预制菜品有效期控制	高效低错的生产动线 用菜单和活动引导用户选择 提升生产效率的工具	打包台的位置 明确打包流程与标准

图 4-4　外卖出品流程

QSC 是外卖或整个餐饮业健康运转的底层逻辑，是必须要做好的一件事情。因为服务、品质、清洁是用户最基本的消费诉求。SOP 就是一个操作流程，告诉员工每一个步骤应该做什么、如何做。SOC 是对操作进行考核的工具，用来衡量每一项工作的完成质量。

商家一定要从 0 到 1 打造外卖营运管理体系。此外，门店在设置值班、排班、订货、成本管控等流程时候，也要考虑外卖的因素，既包含线下也包含线上，实现线上和线下营运管理体系相互打通，这样才是一个健康的餐饮营运管理体系。

在编写 SOP 和 SOC 的时候，有几个原则需要注意。第一个是小白原则，编写要清晰明确，确保每一个员工都能很容易地理解，并且能够学会操作。第二个是语言改良化原则，把研发语言改成运营语言，用操作人员能够理解的语言来讲解。第三个是严控食品安全原则，平衡效期、口味与营运效率之间的关系。

1. 外卖备餐期

对于餐饮商家来说，最重要的就是要完成菜品的制作，然后实现对每一个用户的交付承诺。为了确保整个出品流程顺利，商家可以梳理出一些备餐过程中常见的问题，有效进行风险管控，降低出错率。此外，商家还可以采取菜品预制的模式，提前备好所需要的物品，力保满足店铺高峰时期的订单需求，提升整体运作效率。

（1）不同品类备餐期常见问题

中式快餐类产品（盖饭、一人食餐、便当等）最常遇见的问题就是出品品质不稳定，分量今天多一点、明天少一点等。此外，由于备餐人员总喜欢额外多备一些菜品，容易出现预制菜品剩余的问题，很难控制效期。这就需要商家在 SOP 的制定中考虑到这些问题的存在，并且进行相应的优化。

食材自选类产品（麻辣烫、香锅、DIY 沙拉等），往往会出现漏餐、错餐的问题。由于菜品都是用户自选，基本每单需求都不一样，员工选菜时很容易出现选择失误。这同样需要商家设计合理的备餐流程，降低出错概率。

正餐类产品（中式正餐、异国料理等）受备餐和供应链影响，很容易出现断货的问题。在高峰期制作中，还会有投料不稳定的情况。商家可以针对这些问题，设置相应的 SOP 环节，形成标准化的操作。此外，正餐还容易出现出餐慢的问题，这需要商家权衡堂食菜单和外卖菜品之间的区别，有些制作流程烦琐的菜品可能不太适合做外卖。由于外卖包装和堂食摆盘存在很大的感官差异，明明堂食体验很好的菜品，点外卖后，用户会发现价值感降低，所以商家需要对外卖菜品进行相应的调整，来确保菜品价值感不会过分流失。

饮品类（奶茶、咖啡）产品容易出现多规格需求混乱的问题，还容易出现洒漏的问题。汤类（或汤多的菜品）产品则需要注重保温和洒漏的问题。

还有一些常见的问题，需要商家给予重视。首先，商家在选择菜品的时候一定要进行测试，有些菜品是不太适合上线外卖的。此外，外卖的摆盘冷热混放、错餐少餐、配送损坏等问题都比较容易发生，商家在备餐的时候一定要针对这些问题采取一些规避措施，从细节入手，减少这些问题发生的概率。

（2）如何做好菜品预制

菜品预制是指运用现代标准化流水作业，对菜品原料进行前期处理准备工作，简化制作步骤，其主要分为半成品预制和成品预制。

在进行菜品预制的时候，有6个关键点是必须要注意的（见图4-5）。第一点是食品安全，无论什么时候，食品安全问题都永远是商家首先要考虑的因素和红线，尤其是拥有很多店铺的商家；第二点是研发口味，预制菜品至少要让用户觉得这个东西不难吃，口味上是能满足用户的基本需求的，达到合格线；第三点是半成品与成品预制，由于半成品和成品预制的报废量不同，商家要清楚店铺哪些菜品使用半成品，哪些菜品使用成品，有效节约成本；第四点是24-2原则，这个主要是说有些特殊菜品效期短，建议只放置两个小时，效期长的预制菜品可以储存24小时；第五点是产出率与出成率，商家应该根据实际生产的菜品数量来进行成本管控；第六点是最大生产量与紧急生产量，商家不但要预估高峰期的订单数量，还要预判在低峰期的情况下，如果出现大额订单，自身产能是否能够满足紧急出餐需求。

商家该如何预估店铺所需预制菜品的数量呢？这里推荐使用千元用量的计算方法，具体计算公式为：千元用量 ＝（周期内销量／周期内营业额）×1000。这里的周期建议一般选20天以上或者一个月。千元用量，就是指商家每实现1000元营业额需要准备多少东西。

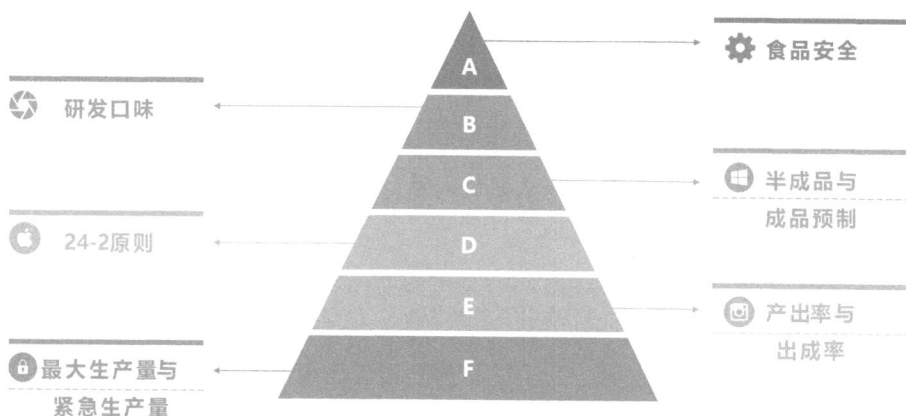

图 4-5　外卖预制菜品的 6 个关键点

商家首先要考虑菜品的销量，哪些菜品销量高，就可以多预制一些。其次要考虑菜品、效期与盘踞的关系，盘踞就是每做一样东西所需的出品时间。一般来说，产能高盘踞小的菜品，预制数量可以少一些；效期短的菜品，预制量要少一些。其次，还要考虑存放的条件，如果店铺有足够数量的保温柜，则可以加大预制数量。最后，还要考虑厨房的制作口令，根据订单需求来储备预制产品。

此外，效期对于储备预制菜品有着至关重要的影响，很多时候不是说店铺销量不足或者储备能力有限，而是预制品的保质期有限，无法大量储存。这里总结了一些优化预制品效期的方法，供商家参考。

① 优化菜品流程：比如麦当劳之前采取的是成品预制的模式，一旦产品卖不掉，损失非常大。后来改成了半成品模式，大大降低了损耗。

② 原材料的优化：有些效期很短的原材料，需要在短时间内售卖完毕，这就造成了一定的销量压力。商家可以通过用量修改或用量替换，加快这些原材料的使用，或者在别的菜品中使用这些原材料。

③ 存储空间使用：在店铺内设置一些保温柜等，可以延长预制产品的

效期。

④ 营销活动的优化：对于那些效期很短的菜品，商家可以采取加购活动等方式向用户推荐购买，加快这些产品的销售。

这里需要注意的是，预制品的效期分为保质期与二校。保质期是印在商品包装上的，按照国家标准制定的效期。而二校指的是人为改变了温度或者存储标准后，产品的效期发生了变化，有一个新的使用期限。如果你对预制品进行了开袋、解冻等，则需要遵循二校来重新确定效期。

菜品预制可以极大地提升店铺的出品效率，商家一定要建立起关于预制菜品的操作标准。首先是建立先进先出标准，明确统一的轮替标准，即取预制品时的先后顺序及左右顺序等；还要设立盘点标准，例如先盘点销量高、效期短、价值高的产品等，方便员工盘点库存数量。其次是严格遵循二校标准，对于开封的预制菜品可以采取 24 小时效期制，或者是不管什么时候开袋，统一在第二天打烊的时候报废。最后是建立产品封口的标准，必须使用产品封口夹对产品进行封口，并且要严格执行产品存储标准。

2. 外卖生产期

外卖生产期的核心工作就是在保证 QSC 的情况下，减少出错，提高店铺的营运效率。在这个阶段中，商家可以采取高效低错的生产动线，合理配置店铺的各种资源，通过用菜单和活动引导用户选择下单的方式，合理安排订单数量。此外，商家还可以采取一些提升生产效率的工具，提升店铺的产能。

（1）生产动线

门店的动线其实包含的内容非常多，是一个较为复杂的工程。首先要包含布局，包括厨房的布局、前厅的布局等。其次是某个点的定位，即每个东西放置的位置应该如何安排。再次就是仓储的空间，如冰箱该放置几个，干仓放在哪里等。此外，工器具的放置位置也需要考虑。最后是 SOP 流程。所有的这一切组合起来，才形成了门店的动线。

但无论如何设置动线，商家都要遵循一个原则，那就是关注投入产出比。商家为动线投入了多少资源、面积、人员工资、空间，就应该带来相应的营收，投入与产出的关系应该是成正比。

首先从厨房动线设计来说。图 4-6 显示的是中餐厅比较常见的厨房空间，它最大的特点是所有的空间都被利用起来了。操作台设计的原则是使用要非常方便，并且要空旷不堆放东西。厨房整体动线应该按照物品使用频次的高低来设计。例如，在员工最触手可及的地方放置使用频次高的物品，使用频次不高的物品可以放在相对远处。

图 4-6　中餐厅常见的厨房空间

在厨房动线设计中，除了按照使用频次来安排动线，还可以按照 SOP 顺序来设计。如图 4-7 所示的操作台，可以按 SOP 整体流程设计，员工可以依次使用每一个工具盒子。

总的来说，定位不是强迫员工一定要把某个物品放在哪里。最有效的定位是让员工感受到按照这种流程来操作非常便利，从中感受到效率的提升。

图 4-7　合理的厨房动线

此外，在前厅和厨房之间的动线设计中，商家可以关注一线员工的走动步数，如果过高，那就说明这个动线有问题。最好的方式是员工不要动，减少员工来回跑的次数，实在不行，可以选择让用户多走动，改变用户的就餐流程，从而提升效率。

（2）菜品及活动

由于外卖是一种主要依托线上的运营业务，我们也可以利用一些外卖运营动作来合理地调配店铺不同菜品的订单数量，缓解生产压力。

我们在做外卖菜单设计的时候，可以把那些产能比较高的菜品放在前面，而那些不容易制作、盘踞比较长的菜品可以放在后面的位置。商家还可以根据用餐场景来进行菜单排列，对于容易出餐的一人食等菜品，可以放在较前面的位置。

此外，商家还可以通过一些店铺活动来协调整体的动能。比如开启预订单模式，缓解集中出餐的压力。还可以采取一些菜品消费引导活动，通过折扣、满减的形式让用户选择那些出餐快的菜品，从而使得整个生产得到一定的调配，资源也得到最大化利用。

（3）工具的应用

商家想要提升店铺的整体运作效率，除了做好日常的运营，还可以借助一些有效的管理工具。工具的合理使用可以为经营管理带来强大的助力，也有助于提升商家自己的管理水平。这里为大家介绍几种常见的管理工具表。

① 人员编制表（见表4-1）。这张表可以帮助商家合理安排人力，根据具体的营业额水平，安排出每个岗位上所需要的具体人数，以便减少管理上麻烦，一目了然，方便员工理解。

② 固定工时指南（见表4-2）。这张表是对每个岗位上的工时进行合理管控，即对工时进行拆分，进行精细化管理。有些岗位上的工时是固定的，无论有无营业额，都需要安排人力。但有些岗位的工时不是固定的，可以根据营业额的变动来进行调整。管控工时可以节约人力成本，节约下来的钱，可以当作一种福利，反馈给员工，提升员工的能动性。

③ 排班表模板（见表4-3）。根据人员编制表和固定工时指南，排班表可以告诉每个岗位的员工，具体应该在哪个时间段做哪些工作，使员工明确自己的职责。这是有效的提效方式。

④ 色点管理（见图4-8）。这一工具主要是服务于门店的各种操作设备，通过归纳法对其进行相应的整理和分工。为了合理安排操作设备的使用、降低店铺的营运成本，色点管理法可以将不同时段需要开启的设备加以区分，并且备注清楚需要提前开启的设备，以方便员工操作。此外，这个工具还可以标注清楚每个设备的名称及使用功效。

表4-1 人员岗位安排

2021年简餐版本营运人员岗位安排（营业时长：9时—20时）

月TC	日TC	预计客单价	预估月业绩	预估日业绩	单日高峰小时TC	可变工时	打包	产区	产区				
									做餐	水浴	烤制	米饭	油炸
1 500	50		66 750	2 225	18	1	1	1			1		
2 400	80		106 800	3 560	28	1	1	1			1		
3 000	100		133 500	4 450	35	1	1	1			1		
3 600	120		160 200	5 340	42	1	1	1			1		
4 200	140	44.5	186 900	6 230	49	2	1	2	1			1	
4 800	160		213 600	7 120	56	2	1	2	1			1	
5 400	180		240 300	8 010	63	2	1	2	1			1	
6 000	200		267 000	8 900	70	2	1	2	1			1	
6 600	220		293 700	9 790	77	2	1	2	1			1	
7 200	240		320 400	10 680	84	2	1	2	1			1	
7 800	260		347 100	11 570	91	2	1	2	1			1	
8 400	280		373 800	12 460	98	3	1	2	1			1	
8 700	290		387 150	12 905	102	3	1	3	1		1	1	1
9 000	300		400 500	13 350	105	3	1	3	1		1	1	1

表 4-2　固定工时指南

项目＼日期	周一	周二	周三	周四	周五	周六	周日	总计
开铺	1.5	1.5	1.5	1.5	1.5	1.5	1.5	10.5
打烊	1.5	1.5	1.5	1.5	1.5	1.5	1.5	10.5
接货	一	2	一	一	2	一	一	4
训练	一	1	1	1	1	一	一	4
行政/会议	1	一	一	一	一	一	一	1
PM 保养	一	一	2	一	一	一	2	4
盘点	一	一	一	2	一	一	一	2
小计	4	6	6	6	6	3	5	36

表4-3 1+1+2 排班模型

1+1+2 排班模型

无人员休息的排班

时间 人员	8—9	9—10	10—11	11—12	12—13	13—14	14—15	15—16	16—17	17—18	18—19	19—20	20—21
店长						店内休息							
训练员													
员工													
员工													

色点管理系统：

*红色 ▇▇▇▇▇------所有时段都要开

*黄色 ▭▭▭▭▭------高峰期或需要时开启

*绿色 ▇▇▇▇▇------需使用时，提前半小时开启

*白色 ▭▭▭▭▭------设备名称定位等

图 4-8　色点管理

3.外卖打包期

在外卖打包环节，我们的主要目标是高效协同、明确标准。商家要合理设置打包台的位置，方便员工出餐以及骑手取餐。此外，还要明确打包流程与标准，提升打包速度，并且减少因为包装出现的各种餐损问题。

（1）外卖打包台的定位与准备

外卖是一项需要精细化运营的业务，商家要在每一个环节都采取有效的运作方式。因此，外卖打包台的合理定位也是精细化管理的表现。

所谓的打包台定位，就是商家要根据自己店铺的布局结构，合理安排外卖打包台的位置，方便员工之间的相互配合，减少操作上不必要的麻烦。

商家可以将比较重要的、使用频次高的菜品放在打包台显著的位置，方便店员取用，提升打包效率。此外，商家还可以将打包中经常使用的物品放在打包台上，例如好评卡、宣传单、餐具等，这样可以减少高峰期的打包压力。

（2）外卖打包的方法

对于外卖打包，商家可以采取一些通用的方法，形成标准化的工作模式。这样能够提升员工的工作效率，并且减少打包过程中出现的各种问题。

首先，商家应该根据菜品数量和菜品性质来选择不同的打包袋，一份菜品和三份菜品使用的打包袋必然不同，因为重量都不一样。米饭和汤所使用的打包袋也是不同的。商家要向员工明确不同打包袋的使用方法。

根据菜品的性质，商家也要定好菜品放入袋子的顺序和标准，如哪些东西最先放，哪些东西最后放；贴小票的位置也要明确，以方便骑手取餐；菜品放入保温柜的位置也要统一；产品没有配齐，应该放在哪里。这些都是商家在打包和取餐环节需要注意的细节。商家还应将打包工作进行分工，明确每个员工的职责，提升配合效率。人效提高了，成本就降低了。

此外，用订书钉订小票容易出现问题，例如会刮伤客户，所以建议使用胶带固定小票。商家在小票上可以依据不同菜品的特性做标记，有饮料、汤等菜品的订单应该标记出来。最后，必不可少的是要张贴食品安全封签，证明菜品包装袋没有被别人打开过、配送过程十分安全等。

包装设计

外卖包装同样是商家展示品牌形象的一种方式。好的包装不仅可以保护菜品，还可以让人快速了解菜品，甚至会因为好看的外卖包装而重复下单。在传统餐饮中，用户对菜品的第一印象往往是菜品的装盘，所以，传统餐饮店在装盘上是非常讲究的，因为从某种意义来讲，装盘的好坏会直接影响着用户对菜品的评价。而外卖包装的作用就相当于传统餐饮业中装盘的作用。当用户拿到外卖时，通过包装就能直观感受到店铺的氛围和装修。

1. 外卖包装的相关标准

有些餐饮商家可能认为外卖包装是一件比较简单的事情，很好操作，觉得只要购买一些密封性好、与自身产品适配的包装就可以了。但实际上，外卖包装也是有严格的国家相关标准要求的，在很多层面都需要谨慎对待。

首先需要明确的是，外卖包装是有有效期的，在使用时间上是有限制的。通常来说，商家可以在装着外卖包材的外包装上看到使用期限标记。

商家在储存外卖包材的时候，也应该像对待食材一样，严格遵循其相应的保质期和储存条件。一般来说，我们建议将外卖包材放在常温、干燥、通风的地方。防止出现霉变、受潮、变形等情况，造成店铺不必要的损失。在放置外卖包材的时候，商家可以遵循"1512"的原则，即包材要离地 15cm 左右，包材与包材之间要间隔 1cm 左右，方便通风，包材与墙壁之间最好能留有 2cm 的缝隙，防止出现虫害等。

商家最好先不要把装有包材的外包装纸盒扔掉，因为包装上面印有生产日期和使用期限。扔掉后，如果后续忘记包材的使用期限，都无法进行追溯。

国家制定的包材相关的标准有两个：《GB4806-6-2016 食品接触塑料树脂类产品标准》和《GB4806-8-2016 食品接触纸类产品标准》。所有包材的设计和使用都应该遵循这两个标准，商家需按照国家规定严格执行。

商家在购买外卖包材的时候，一定要提前明确供应商是否具备营业执照、生产许可、质检报告。供应商只有具备这些资质，其所生产的包材才是合规生产的且符合国家相关标准的，商家才能放心购买使用。如果商家有自己的供应链来生产外卖包材，也需要准备好这些资质并归档，才能合法经营。

这里需要注意的是，国家最新出台了一个政策，要求外卖相关包材不能使用不可降解的塑料购物袋。商家应该及时关注政策并且重视，确保自身所使用的外卖包材符合国家环保标准的要求，避免店铺经营过程中出现不合规的地方。

2.外卖包装如何设计

很多时候，外卖包装能够彰显店铺的特色、打造店铺的品质感。商家只要使用稍微精致一点的外卖包装，就能让自身的菜品包装水平在同类菜品中有较为明显的变化，带给用户更加优质的用餐体验，同时也让店铺与同行业竞争者形成了一种差异化。

（1）外卖包装的分类

想要设计好外卖包装，首先要明确哪些物品属于外卖包装。一般来说，最基本的外卖包装要有餐盒，在餐盒上可以有一些腰封、贴纸类的装饰物。商家可以根据自身的成本预算，来选择这些装饰物的配置。

此外，外卖包装里还会包含餐具包、打包袋、店铺海报、食安封签、评价卡等。外卖包装里所包含的物品都应该是经过精心考量的，商家要让每一个物品充分发挥它的价值。

对于商家来说，外卖包装可以向用户传递自身的品牌价值，描绘店铺的品牌形象。商家应该充分利用每一个可以宣传的机会，向用户展示店铺自身的竞争优势，建立用户口碑。

（2）外卖包装的需求层级

什么样的包装才算是好的外卖包装呢？很多商家可能都会困惑，自己很想在外卖包装上下功夫，但却找不着方向。

外卖包装的需求层级可分为基础需求和进阶需求（见图4-9）。

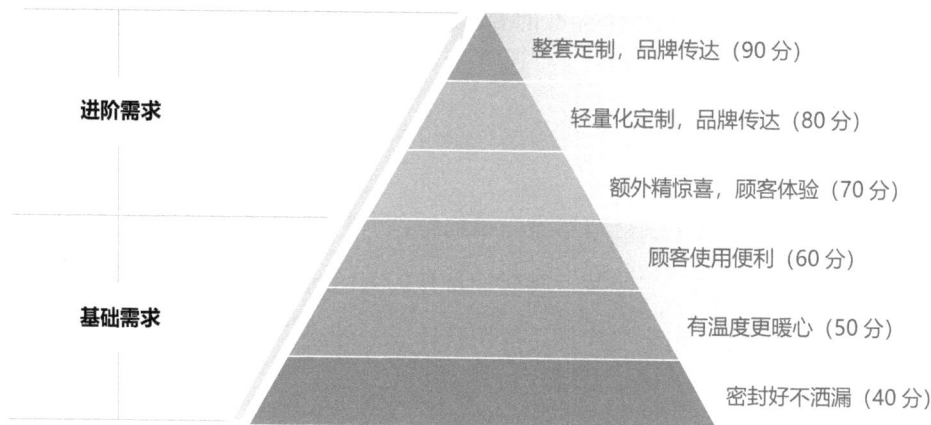

图 4-9　外卖包装的需求层级

基础需求是外卖包装应该满足用户的基本使用需求，这是每个商家都应该做到的。40分的外卖包装是密封好不洒漏的，菜品配送给用户的时候是完整的。50分的外卖包装是要求能够维持菜品应有的温度，用户拿到的餐品没有冷掉或者化掉。60分的外卖包装是用户使用便利的，例如，之前汤类的菜品为了不洒漏，总是用保鲜袋密封得非常严实，有些女性用户可能会做美甲，在打开包装的时候就不是很方便，现在很多商家都改用安全锁扣的形式，既能防止洒漏又方便使用。

满足进阶需求的外卖包装是能够超出用户期待、创造优质体验的。70分的包装是能够带给用户惊喜的，有的商家会在餐具包里额外提供湿纸巾、牙线、薄荷糖等物品，这些是其他商家可能不会提供的，用户收到之后是会有额外惊喜的。80分的外卖包装是轻量化定制的，虽然可能使用的是比较通用的包装，但会增添一些品牌元素在上面，从而起到传递品牌形象的作用。90分的外卖包装是完全独家定制的，市面上找不到类似的，是商家自己开模定制的独属于自身品牌的一套包装，有很鲜明的品牌印记。

我们这里没有讲100分的包装设计，因为没有最好只有更好，大家可以不断创新和迭代，设计出更多更优质且环保的外卖包装。

（3）外卖包装设计的三要素

商家在设计外卖包装的时候，有三个要素需要重点注意。

一是要选择适合自己的品类的包材。不同品类的菜品所使用的食材、烹饪方法等都有差异，对包材也会有不同的使用要求。类似烧烤、冒菜这一类产品，对温度要求会比较高，要采用锡纸类包装。而轻食类沙拉对轻快感要求又比较高，可能会选择一些能够体现食材新鲜感的包材，让整个餐品看起来是绿色健康的。

二是包装设计要符合商家品牌风格，并且还能起到品牌宣传的作用。商家可以利用外卖包装来传递品牌特色，例如菜品使用的食材很独特、制作工艺很具匠心、品牌历史很悠久等，这些所有能够体现品牌竞争优势的内容，都可以在外卖包装上得到呈现。商家可以将品牌标识印制在外卖包装袋上、可以在包装袋内放置店铺宣传单、使用提示小卡片等，充分利用外卖包装进行宣传。

三是外卖包装色彩搭配要合理且吸引人。好的色彩搭配能给用户带来更优质的视觉体验，让用户从骑手手中取到你的包装盒时，会被深深吸引，心情也会更加愉悦。

3. 不同品类的包装选择

由于外卖市场竞争愈发激烈，外卖的包装设计已经变成了商家的一种重要营销手段，因此，各个品牌为了能给用户创造一个良好的消费体验，都在外卖包装上进行着不断的创新，凭借包装新颖、实用、便捷的优势来吸引用户。

下面重点分析一下不同的品类该如何选择外卖包装（见图4-10）。

图 4-10　不同品类的外卖包装设计

　　小炒快餐类的产品，在设计外卖包装的时候最好能够确保饭和菜分开装。这样可以给用户营造一种饭菜很丰盛的感觉，显得菜品很多。此外，饭菜分离有利于门店提前预制菜品，米饭、小菜类的菜品可以提前准备好，提升出餐效率。

　　粉面类的菜品特别容易坨，所以建议汤和面 / 粉也要分开包装。而汤盒的容量一定要大，能够满足菜品的盛放需要且不容易溢出。

　　烧烤类的菜品包装设计要容易撕开，并且方便用户分享。此外，辣与不辣的菜品一定分开包装，防止串味。这里建议烧烤类的菜品增加食安封签，可以提升用户的信任感。

　　沙拉类的菜品天然传递着健康环保的概念，所以商家在选择外卖包装的时候一定要符合环保标准，选择那些可降解的包装盒。

奶茶 / 咖啡类的饮品特别容易洒漏，所以一定要选择那些密封性好、杯口防漏的包装。此外，还可选择杯托来加强饮品固定，防止洒漏。冷热饮品建议分开包装，并且对于热饮要注意防烫，可使用隔热杯套。

无论商家经营的是哪种品类，在进行包装设计的时候都一定要有用户思维，从用户角度出发，模拟用户的使用场景，测试一下店铺的包装设计是否存在问题，从而进行优化创新。

外卖包装是需要用心去设计的，但包装不是越贵越好，只有适合自己的包装才是最好的。过度包装，会给用户一种性价比不高的感觉，让用户感觉自己在消费包装而不是消费产品。此外，从店铺成本的角度出发，过度包装会加重营运成本，降低产品利润。

这里分享一个方法，叫 MOT 研究法。这是满意度研究中非常重要的一个分支，被称为关键时刻（Moment Of Truth）研究。我们在设计外卖包装的时候，可以按照 MOT 的逻辑，还原用户的用餐体验，找到用户在整个用餐过程中对外卖包装关注的那些要点，把这些用户最关注的包装细节做得好一些，不太主要的细节可节约设计成本。

食品工业化

提起食品工业化，很多人可能不明就里，甚至抱有一定的偏见。在有些餐饮人或者用户的固有认知里，认为食品工业化会影响产品的口感甚至流失食材所富含的营养。但实际不然，工业化一词本质上是高效率、标准化、规模化生产的代表。

在餐饮行业不断发展的今天，市面上几乎所有知名的连锁餐饮品牌，都已经在不同程度上采取了工业化手段。既然如今的食品工业化潮流已不可阻挡，那么"究竟什么是真正的食品工业化"，就是一个非常值得讨论的问题。

食品工业化，指在餐饮发展过程中引进先进生产技术、科学手段和管理方法，使得食品加工过程更加标准化、机械化、定量化、自动化和连续化。食品工业化与生物工程、烹饪与风味化学、工艺与设备、营养与检测、包装与包装材料、食品添加剂、物流及信息化技术等关系密切，属于一项综合多学科的系统性工程。

在发达国家，食品工业化发展已初具规模，形成了较为系统的质量标准体系，探索出了一套科学高效的生产管理制度，并已经向着现代化餐饮成功转型，具备规模化、集约化和自动化的特点。然而我国的食品工业化水平虽已取得了较大进步，但是和发达国家相比，目前仍停留在低自动化、低集约化的阶段，差距较大。

举个例子来说，可能很多人都吃过全家或者 7-Eleven 售卖的即食便当、寿司等，这就是食品工业化的表现，即通过标准化的生产成果，把方便用户速食的产品通过强大的供应链及时输送到各个城市，大幅提升品质的稳定性和经营的规模性。

对于餐饮行业来说，食品工业化真正的意义是什么呢？企业可以通过哪些方式推动自身向食品工业化创新发展呢？食品工业化对于外卖业务的发展，又有哪些更深层次的作用呢？在这里，我们主要从中央厨房的使用、供应链的升级、餐饮零售化这三个维度，来深入剖析食品工业化。

1.中央厨房的使用

想必大家对中央厨房的概念都不陌生。规模比较大的餐饮企业，尤其是连锁企业，很多都会采取中央厨房的生产制作模式。

中央厨房的作用其实就是为多家门店提供集中采购和集中处理食材的服务，如切配、预烹饪等，这样可以提高门店出品效率。中央厨房采用巨大的操作间，采购、选菜、切菜、调料等各个环节均有专人负责，半成品和调好的调料一起，用统一的运输方式，赶在指定时间内运到分店。一般来说，一家餐饮企业在某个区域内有密集的门店才会做中央厨房。

规模较大的餐饮企业使用中央厨房有哪些好处呢？首先是通过中央厨房的集中采购、集约生产，企业实现了菜品的质优价廉，并且可以保证菜品质量的稳定性，直接节约单品的成本。其次，中央厨房可以通过标准化、技术分解、流程化，减少厨房人员的工作程序，把复杂劳动分解为模式化的简单劳动，并直接减少单店厨房用工人数，大幅降低厨房人力资源费用。最后，中央厨房的集约化生产还可让菜品在卫生健康、绿色环保等方面得到进一步的保证。中央厨房加工配送程度高，不但可以减少单店厨房、仓储、小公等面积，从而降低房租费用；同时，还能减少单店厨房的设备投入，增加门店的环保指数，减少了餐厨垃圾和油烟扰民，便于利用先进的环保处理工艺集中处理废料与废弃油脂。

总的来说，建立中央厨房，实行统一原料采购、加工、配送，精简了复杂的初加工操作，使操作岗位单纯化，工序专业化，有利于提高餐饮业标准化、工业化程度，是餐饮业实现规范化经营的必要条件。

但是，中央厨房投资较大，并不是谁都可以建造中央厨房，企业要结合自身的综合实力水平和自身需求去建造中央厨房。值得一提的是，市场上已有一些专门负责食材加工的企业，或者有些餐饮企业会开放自身的中央厨房对外合作，这使中小餐饮企业只要提供给这些中央厨房食材标准、配方标准、制作工艺标准等就可以了，不一定要拥有自己的中央厨房。

2. 供应链的升级

餐饮供应链是餐饮行业的基础应用，是以提供餐饮门店所需的各类食材为主要目的，经过原料采购、生产加工、配送、销售到回收处理等环节，以信息技术来协调和联结链条上各节点有关主体，整合所有节点物流、信息流、资金流的组织形态。

供应链对于餐饮企业来说意义非凡，当餐饮企业在经营初期时，或许简单的人工统计进销存就可以满足平时的进货等需求，但当规模逐渐做大、门店迅速扩张之时，也许制胜的关键就在于供应链的使用上了。

现在，很多有实力的餐饮企业都会自建供应链，自己建立运货部门以及中央厨房和工业流水线，来帮助处理食品原材料。甚至还有商家为了保证原材料足够好，还会自建原材料种植基地。从原材料生产、运输再到加工全都掌握在自己手中。

供应链可以帮助商家有效控制成本。一个餐饮企业构建一个完整的餐饮生态链，采购、仓储、物流等方面都自己负责，这样可以有效地控制成本。

自建供应链有助于标准化管控，餐饮企业生产的产品在标准化方面更加灵活，不管什么时候，如果有一些小的标准需要更改的话，自建的供应链更加容易应对，其运营成本和沟通成本更低。在原料的定量、定向、标准包装供应、供应渠道的流畅与优化方面，自建的供应链做起来更加容易，标准也更好把控。

自建供应链有利于餐饮企业打造爆品，提高经营效率。对于配料和原材料，企业都有自己的供应体系，在标准化、低成本的基础上，能够提高出餐速度，保证菜品质量，推动了爆品的推广，也为爆品的打造提供了捷径。

此外，自建供应链可以解决食材供应短缺的问题。如果商家是与众多供应商尤其是小供应商建立联系，那么食材供应容易不稳定，有无食材使用都取决于供应商是否有货。但是自建供应链的话，除非材料生产端出问题，否则很少会发生食材供应短缺的情况。

茶饮市场日渐火爆，非常受关注。我们这里列举一个茶饮企业通过自建供应链而实现品牌化、连锁化发展的优质案例。

古茗品牌于 2010 年创立于浙江台州温岭市大溪镇，目前全国连锁门店超过 3000 家。古茗创立之初的产品定位就是要做高性价比的饮品，专注做好三四线城市，走"农村包围城市"的发展路线。

从古茗的下沉市场拓展策略来看，其最不容易被模仿的优势就是强大的供应链体系，古茗是全国连锁茶饮店铺中唯一能保证生鲜物料隔日低温配送的品牌。古茗之所以能做到配送的高效及时，原因在于它强大的供应链和仓储物流体系，只有在仓库能配送到的地方，古茗才会开店。这样的模式既能最大程度地保证原料新鲜和品质稳定，又能压低供应链成本，保证产品价格优势。

除了自建供应链，很多餐饮企业出于自身经营状况和战略布局的考虑，会选择与那些专门提供供应链服务的企业合作。而这些供应链服务企业也越来越有实力和专业化，其中，最典型的代表就是蜀海供应链。

蜀海供应链最初是依托海底捞的中央厨房而设，原先只是海底捞的供应链部门，仅为海底捞提供食材采购、净菜加工等服务。它在 2011 年正式成立开放平台，2018 年销售额约 50 亿元。

蜀海供应链通过将食材在中央厨房内进行加工，以标准化的半成品输出，然后再经冷链送至下游的大中型餐饮企业手中，形成了一套完全标准化的流程。

不少餐饮企业都喜欢与蜀海合作，因为可以极大降低餐饮行业的成本，提升后厨作业效率，解决餐饮行业标准化的痛点。

据官网显示，如今蜀海供应链的合作客户约有 1000 个，其中不乏一些知名品牌，如 7-Eleven、九毛九、新白鹿、丰茂烤串等品牌。同时，蜀海已经建成覆盖全国 40 个城市的冷链物流中心，以及拥有超 2000 辆物流车辆。

目前，餐饮企业经过一段时间的摸索借鉴，正推动着餐饮供应链从无序化走向有序化，使其整体水平得到一定提升。依托政策支持，借助互联网技术优势，餐饮企业不断建立稳定的供应关系，整合物流、冷藏、大数据等多种资源，传统餐饮供应链企业搭建起电商平台，同时大型餐饮中央厨房不断增多，企业经营者的供应链思维逐渐形成，企业供应链的运作效率不断提升。

3. 餐饮新零售

对于餐饮企业来说，中央厨房和供应链是推动自身向食品工业化迈进的重要方式，而餐饮新零售则是其借助食品工业化发展而实现的业务新拓展，是新的营收来源。

餐饮新零售是线上和线下的深度融合发展，餐饮企业不单单为用户提供堂食的就餐服务、外卖的菜品销售服务，还可以自主研发零食类产品，通过外卖等线上平台进行售卖，拓展企业经营服务的范围。

新零售业务是传统餐饮业与零售业的融合创新，能够更好地满足消费升级趋势下基于"便利"与"品质"的新消费需求，无论是从零售端向餐饮端"侵袭"还是餐饮端向零售端渗透,都表明未来餐饮与零售的融合势不可当。

尤其是在新冠疫情之下,很多餐饮企业通过发展线上新零售业务,实现了食品工业化深入发展和探索,在疫情冲击下,这一模式发挥了明显的逆势驱动作用。

这里要重点强调一下餐饮新零售和外卖业务之间的关系。我们可以看到,很多餐饮企业开始生产零售类产品,而实现零售类产品有效售卖的方式之一就是线上销售,而外卖平台也是重要的线上售卖渠道。餐饮商家在外卖平台上销售菜品的时候,也可以在菜单上添加自己的零售类产品,增加产品的销售渠道。

如图 4-11 所示,付小姐在成都餐饮公司研发了自热小火锅类零售产品;必胜客将自己的牛排、意面等产品打造成了同款的零售类冷冻产品;肯德基推出了非即食冷冻炒饭、冷萃冻干速溶咖啡等。他们都将自己的零售类产品上架到了外卖平台,在为用户提供外卖菜品的同时,也提供零售类产品的销售服务。

图 4-11　餐饮新零售在外卖平台的体现

第五步

交付配送

配送方式

外卖运营，对于很多不是很懂互联网的商家来说，可能会被单纯地理解为在外卖平台上开一个店，做一个简单的装修，放一个简单的活动，然后就不用再去关注其他事了，就只等着接单就行了，有订单就接一些，没有就靠线下门店的售卖。对于互联网或者外卖比较熟悉的商家，对外卖运营的理解可能会好很多，他们会做很多的店铺优化，不定时地会推出一些店铺的优惠活动。大部分商家觉得做好了这些就不用管其他的了，但是他们忽略了一个问题，那就是外卖的配送。配送的方式对于店铺的营业额的影响也是至关重要的。

1. 配送方式的分类

配送是外卖业务的必要一环，骑手承担将商家的菜品送至目的地的工作。平台则为商家提供了不同的配送方式及服务供商家选择。不同的配送方式会有配送效率与佣金的区别，商家可根据自己的需求选择匹配的方案。总的来说，常见的配送方式有以下5种。

（1）专送

美团专送是以全职骑手为主的配送方式，其通过配送站主动给骑手派发订单。专送的配送距离一般在3千米左右，是无条件进行配送的。骑手正规化，配送速度快，接受严格统一的管理，所以相对于其他配送方来说，专送骑手的综合素质和能力要高很多。

专送方式适合对于服务质量、配送效率都有一定要求的商家。这类商家对于自身的品牌形象要求比较高，十分在意用户的消费体验。但是专送的缺点是成本比较高，配送距离有限制（3千米左右），配送时间也有限制。商家要根据店铺的实际经营情况来选取合适的配送方式。

（2）快送

美团快送的配送人员为兼职，商家发单后众多骑手抢单。一般配送范围为半径 5 千米左右，配送范围较大，能够极大地满足远距离用户的消费需求。此外，快送的配送时间是全天 24 小时，全天不间断提供配送服务。

快送的配送成本相比于专送来说，会相对低一些。因此，快送适合那些订单量大、配送范围较广、营业时间比较长的商家。这里需要指出的是，由于快送的配送范围大，有时可能会导致配送速度慢，无法有效保障整体的配送时间和服务质量。

（3）混合送

混合送是快送和专送的结合体，商家可以在离店铺比较近的范围内选择使用专送，而在离店铺比较远的地方选择使用快送。混合送结合了快送和专送的优势，使得店铺的配送范围和服务体验有双重保障。

混合送主要针对平台特定商家，外卖平台会根据相应城市情况来具体分析，并且从交易额、实付客单价、缺陷订单率等多个维度来进行商家筛选。

（4）全城送

全城送是一种比较新的配送方式，顾名思义，其可以进行全城范围配送。全城送为商家提供同城远距离配送，最远配送距离扩大到 10 千米左右，大大提升了店铺的服务范围，可以覆盖到更多的用户。但过长的配送距离意味着过长的配送时间，商家要思考所经营的品类是否支持长时间配送。

目前全城送只在部分城市开通，商家需要事先了解所在城市的开通情况。一般具有相应资格的商家才能够申请全城送，由美团总部审核开通。

（5）自配送

自配送是商家依靠自有运力或者第三方进行菜品配送的形式。商家自配送对外卖配送区域的限制较小，整体配送时间也相对灵活，商家的可操作空间比较大。

但是自配送的模式是需要商家自行解决配送问题的，会增加店铺的管理动作。对于单量较低且用户分散的商家来说，自配送会增加经营成本。一般来说，商家自配送的方式适合规模比较大、客单价比较高的商家。商家可以根据具体的经营需求来选择是否要采取自配送的方式。

2. 骑手配送常见问题

在整个配送过程中，骑手扮演着非常重要的角色。骑手是连接商家和用户的重要纽带，商家通过骑手把产品提供给用户，最终实现整个交易闭环。

但是骑手的整个配送过程不可能永远一帆风顺，会有很多常见的问题发生。对这些问题，商家需要有一定的了解，并且在自己的日常经营中进行改善，从而使得店铺与骑手之间能够有更好的协作，提升整体的配送服务质量。

（1）取餐过程曲折

相信很多商家都遇到过这样的情况，骑手在取餐的过程中找不到商家的门店，对于门店标注的具体位置存在理解误区等。一旦发生这样的情况，很容易影响整个配送的效率，导致配送时间延长，甚至会引起用户对用餐体验的不满。

那如何能够有效避免这类痛点问题的发生呢？外卖平台针对这类问题，推出了一种取餐地址补充说明的功能（见图 5-1）。这种功能的具体使用方法分为两种，一种是文字指引的方式，另外一种是图片指引的方式。

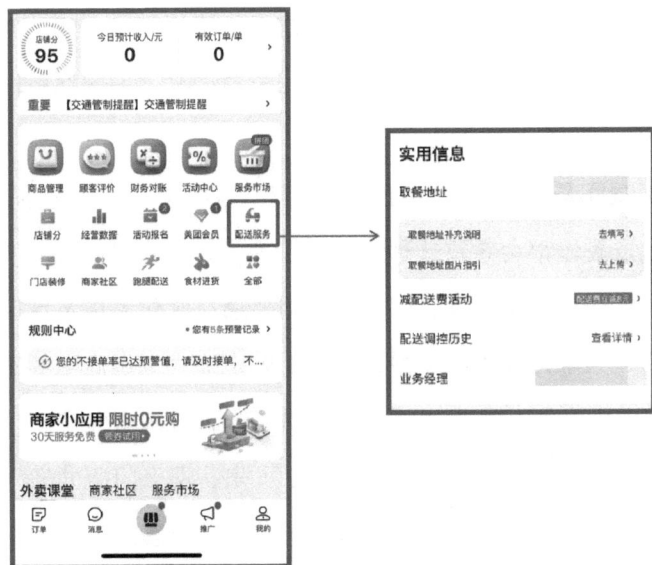

图 5-1　取餐地址补充说明功能

如果商家所在的商圈有明显的地标或者取餐路线较为简单，骑手比较容易找到，那么推荐使用文字方式的取餐地址补充说明。例如可以在地址中写上"×××银行对面"等。

如果商家所在的地理位置比较难找，取餐路线会比较曲折，那么就会建议商家使用图片的方式来对取餐地址补充说明，商家画出路线示意图来引导骑手更快取餐。

（2）配送原因造成的餐损

在外卖运营的过程中，也很容易出现另一个让人头疼的问题，那就是餐损。一旦出现餐损，不但会影响商家的经营，还会严重地影响到用户的体验。

其中，有些餐损问题是由于配送原因造成的。当出现配送延迟、配送错误、配送服务态度不好、配送系统出现故障、骑手不取餐等问题时，平台通常会将餐损定责为配送责任。

　　商家在遇到餐损问题时，首先一定要遵循与用户积极沟通的原则，如果是配送出现问题，还要与骑手及时沟通，充分了解情况，采取补救措施，减少负面影响。

　　餐损很多时候是由配送延迟导致的，我们需要重视配送延迟原因的判定，因为出餐慢和取餐慢都会导致这种情况的发生，但不同原因对应的解决方法也是不一样的。比如如果是出餐原因，那就需要通过优化菜单及后厨出品流程来提升出餐效率；如果是骑手取餐慢，那就要客观地去衡量商圈的运力情况来优化配送范围。一线员工如果可以用好商家端后台，或者安装美团出餐宝（见图5-2），即可把从出餐到取餐环节的数据记录下来，那么门店的经营者可以通过这些数据去分析配送延迟的原因，以及哪道菜容易卡餐或者一天中什么时间段最容易爆单，从而精准地进行优化。

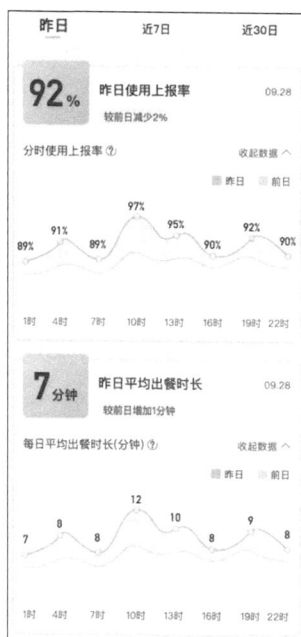

图 5-2　美团出餐宝数据统计界面

取餐动线

做外卖非常重要的一点是减少出餐环节的差错，提升出餐速度和效率，进而减少差评投诉，优化用户体验。而外卖动线设计是影响外卖出餐效率高低的关键因素之一，合理的动线设计，是外卖出餐效率的保证。

在餐饮行业中，动线是指工作人员、用户、产品在餐厅流动的方向和路线。传统餐饮包含用户动线、服务动线和厨房动线。外卖动线的设计目标是通过对整个外卖流程动线的最优配置，达到成本、产能和效率最优化。

1. 外卖动线设计原理

外卖业务的操作流程主要分为接单、产品制造、打包、交付配送。相比于传统餐饮，外卖主要增加了打包、交付配送这两个重要操作环节。

如何能够实现操作流程之间的高效协同呢？这就需要商家合理规划整个动线，力求最优化操作和配合流程。下面我们总结了 5 个外卖动线设计的原则。

第一，功能区细化。建议商家可以将门店的功能区细化为接单区、加工区、制作区、打包区、取餐区等，通过对每一个区的功能细化，可以明确其工作流程，优化操作环节，从而提升整体的运转效率。

第二，流水线作业。员工操作要尽量独立，减少不必要的配合环节，要确保每个员工都按照一定的操作路线和操作顺序进行菜品加工制作。

第三，注重操作逻辑。物品的放置要匹配操作人员的 SOP 流程。例如厨师在制作菜品的时候，会根据对应的 SOP 流程进行操作。在放置厨师使用的物品时，要根据 SOP 流程，按照使用顺序摆放好调料盒、原材料等，规划好使用动线。

第四，动线相互独立。动线如果交叉，会导致不同岗位的操作员在忙碌的过程中彼此触碰。如果碰撞，势必严重影响工作效率和用户体验。因此，一定要尽可能保证不同操作岗位的动线彼此独立，方便正常操作。

第五，充分利用空间。现在餐饮行业房租成本居高不下，商家一定要充分利用门店的整体空间，对动线布局进行最优化设计，提升整体的坪效。

2.外卖动线设计方法

如果商家没有进行合理的动线设计，那么会使得骑手在取餐时与堂食就餐用户混在一起，导致堂食用户体验不佳，骑手取餐效率降低。此外，厨房制作好餐品之后，如果不能及时地放置到打包台，就会导致出餐效率低下，尤其是在出现爆单的时候，整个店铺运转更是手忙脚乱，无法有条不紊地迎接爆单考验。

外卖动线设计也是精细化管理的重要表现，是整个店铺高效运转的基础。商家要从整个外卖操作流程入手，去探究有效的外卖动线设计方法（见图5-3）。

（1）动线拆分

最常见的动线设计方法就是进行动线拆分。依据外卖业务的特性，商家可以归纳总结出必不可少的动线种类，依次进行设计，从而实现店铺的有效经营。

动线主要可以拆分为外卖动线、物品运输动线和厨房动线。

外卖动线设计需要设立外卖专用通道，将线上和线下订单区分开来，打造不同的出品动线，减少堂食和外卖之间的冲突，提升外卖业务的运营效率。外卖餐品取餐最好专门设置一个窗口或者区域，最好靠近门口，避开堂食用户就餐动线，这样方便骑手取餐，可以缩短配送时间。此外，商家要保证外卖接

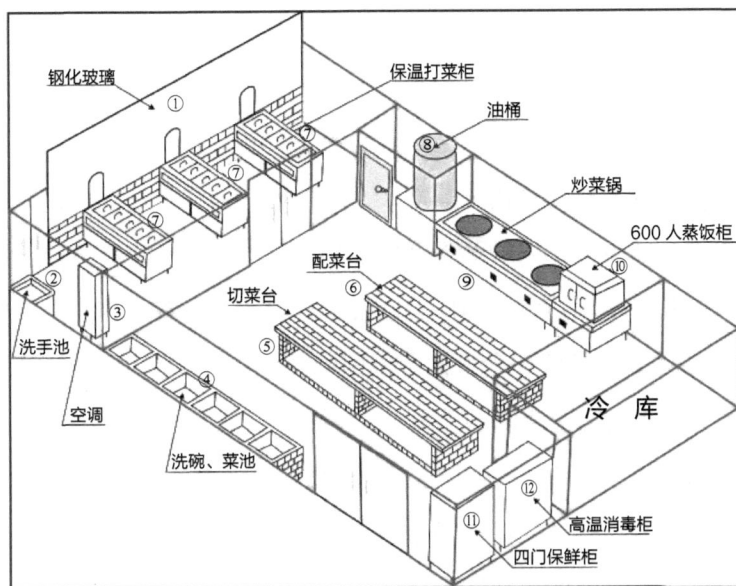

钢化玻璃 ①
保温打菜柜
油桶 ⑧
炒菜锅
600 人蒸饭柜
②
③
洗手池
空调
配菜台 ⑨
切菜台
配菜台 ⑥
⑤
④
⑦
⑦
⑦
⑦
⑩
冷 库
洗碗、菜池
⑫
⑪
高温消毒柜
四门保鲜柜

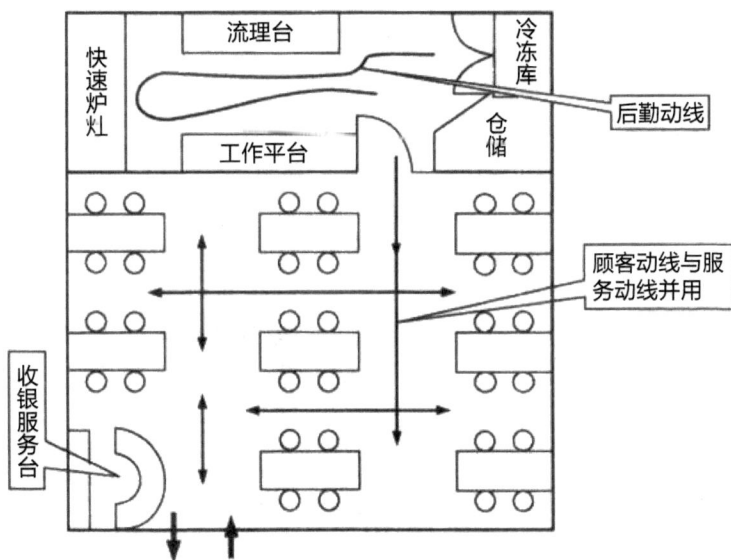

图 5-3　店铺动线设计图

快速炉灶
流理台
冷冻库
工作平台
仓储
后勤动线
顾客动线与服务动线并用
收银服务台

单、制作、打包、取餐等操作环节的人员各司其职、环环相扣。这里推荐设立 SOP 标准，实现高效流水作业。

物品运输动线可以分为食材运输路线和垃圾清理路线。食材运输是从外到内的路径走向，食材被运输进入餐厅，并送往储藏区和烹饪区，在设计动线时应注意与顾客动线分开，同时要保证路径的便捷、流畅。垃圾清理是从内向外的路径走向，垃圾清理路线应与顾客动线和食物的传递路线分开，垃圾临时存放处应设置在远离烹饪区和食材储存区的地方，接近垃圾出口且通风的位置，以免出现异味的困扰和卫生问题。

厨房动线主要分为烹饪区、切配区、装配区。烹饪区的设计需要注意的是，制作菜品的区域建议安排在最里面，可以解决高温对其他区域的影响和排烟问题。切配区设计的时候要紧挨着烹饪区，这样便于厨师拿取食材。同时切配区的原材料放在距离最短的最佳位置。切配区的设计建议遵循 SOP 原则、使用频次原则、便利原则。装配区是菜品打包的区域，这里需要注意物料的储存摆放，保证干净通风且方便使用。

这里需要注意的是，要确保加工食品和垃圾不得共用一个通道，厨房应该设置出、入口，进出分开，保证传菜通畅与洁污分离。

这里分享一个一字型布局的厨房动线设计案例。

如图 5-4 所示，西贝的厨房动线是沿墙一字排开的，厨师面向用餐区进行烹饪。

一字型布局的厨房不仅实现了面向顾客展现烹饪过程，也将动线缩减到极致，最大化缩减厨师的操作路线，能更有效地提高出品效率。

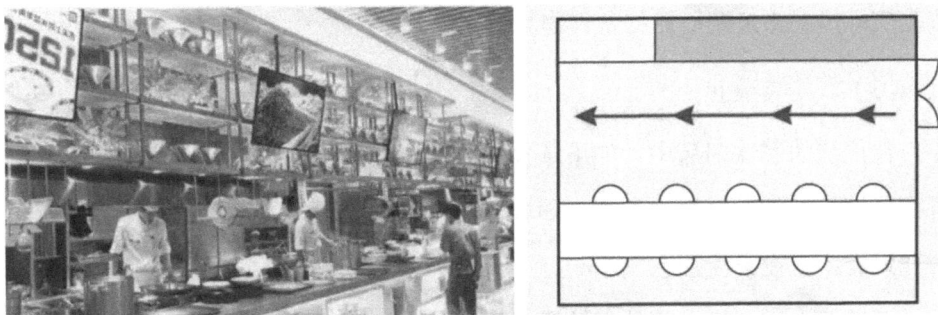

图 5-4 一字型动线设计

（2）流程拆分

外卖动线设计的核心目标是提升操作的整体效率，最大限度地保证店铺的高效运转。换言之，动线是服务于操作流程的，因此在设计动线之前，商家应当厘清业务具体的操作流程，再进行对应的动线设计，切勿盲目操作。

按照外卖业务的操作流程，可以将动线分为接单区域、制作区域、打包区域、取餐区域。在设计动线的时候，商家要做到尽可能地减少操作环节，缩短操作距离，同时要保证每个区域的操作效率最大化。

商家要厘清外卖操作流程中人、操作动作、物之间的关系。例如，操作人员在拿取物品时有便捷的需求，操作人员在操作时有高效的要求等。因此，在外卖动线设计中，商家一定要有这些意识，能够判断出所设计的动线能否方便人员操作，并且可以提升运转效率。

此外，商家要多用设备少用人，依据实际情况定制设备。人在工作中难免存在犯错的可能，而设备的使用不但能够提高效率，还能大大减少出现失误的概率。因此在工作中应尽量使用工具或设备来替代人的操作。以后厨中最常见的货架为例，几乎每家餐厅的厨房都会配置货架，但对货架的大小和高度却没有细细研究，若随意购买很容易造成食材或物料无法妥善收纳。因此，商家要依据实际情况来定制所需的各种物品设施。

（3）双动线设计

在传统的餐饮门店中，如果堂食和外卖出餐区混在一起，那么很容易在用餐高峰期造成相互干扰。如今，随着外卖业务的深化发展，堂食和外卖的动线分开设置，正在成为常态。

双动线的设计通过将外卖动线与堂食动线分开，可以以达到提升外卖和堂食运营效率的目的，同时保证了服务体验。

3. 提升外卖动线效率的方法

上文中主要讲述了外卖动线的设计方法，这里主要阐述如何采取某些具体的外卖运营措施来提升外卖动线的使用效率。在日常的管理中，商家可以通过对流程细节的优化来改善整体的营运情况，使得店铺能效最大化。

（1）调整产品 SKU 数量

菜品 SKU（Stock Keeping Unit，即库存量单位，一般用来表示品种数）的数量多少，会影响到如何设计和规划后厨的使用面积。过多的菜品 SKU 数量，不但需要匹配足够的操作人员，还要购买相应的生产设备、留有相应的存储空间。这样一来，就对后厨的空间大小要求比较高，会带给后厨动线设计不小的压力。

因此，商家需要根据自身的实力和经营目标，确定合理的菜品 SKU 数量。精简 SKU 有利于减少对厨房设备和空间的使用要求，同时，也能减少后厨的出餐压力。

（2）合理进行人员配置

人员配置和分工对动线有着不可忽视的影响，对动线流通效率至关重要。

厨师直接影响产品的出餐速度，打包人员影响菜品的配送质量。因此，商家要对员工进行合理的配置，规划好每一个员工的具体职责，并利用科学管理和SOP流程，提高员工之间的配合度，充分提升动线的使用效率。

（3）优化存储空间

在日常经营中，食材和物料都需要备货，商家则需要留有一定的存储空间来安放这些物料。如果出现缺货、存储混乱的情况，则容易给食品安全卫生带来隐患，也会对后厨效率产生较大影响。因此，商家要根据物料的使用频率和数量来决定存储空间和时间，最大限度地合理利用空间，减少不必要的流动。

（4）时间利用最大化

商家可以根据自身的业务发展情况，对每个环节都进行统一的管理和安排，为店铺制定合理的工作时间规划表、充分利用好时间，这将对动线效率起到积极的影响。例如，商家可以在前一周期预测下一周期的原材料和物料等使用情况，提前备货，兼顾产品赏味期，有效应对高峰期的使用需求；在闲时将物品归置到位，以节约忙时时间。

（5）规划取餐流程

商家要通盘考虑取餐的环节和可能出现的问题，以便有效防止动线阻塞，提高运营效率。

合理规划取餐流程，设定固定取餐区域，会便于骑手进出和拿取餐品。为避免出现骑手干扰堂食动线运转的现象，商家可增加指引牌等。

通过对取餐流程细节的拆分，商家可以规避一些容易出现的问题，减少员工的工作重复度，方便整体的经营管理，从而打造优质的用户体验。

小蛮椒麻辣烫创始于2015年，总部位于上海市徐汇区，隶属于上海小蛮椒餐饮管理有限公司。企业在创办之后的 5 年中，在北上广深杭等各大城市开设了近 100 家门店。

小蛮椒设计动线的原则是尽量减少员工折返路线的走动，将接收订单、抓菜、烫捞、打包打造成一条完整的流水线，厨房配置 18 个炉子，最大限度地扩大厨房产能。

小蛮椒将员工分为抓菜岗、烫捞岗和打包岗三大岗位，各司其职又互相配合，一家店正常配备 4~5 名全职员工，每个人都会经过不同岗位的专业培训，确保单人产出最大化。

小蛮椒根据菜品销量排序，将菜品放在员工站立时最便于操作的地方，依次向上或向下。这种精细化的规划能在高峰期最大限度提升出餐效率。

（6）减少过程出错

在外卖高峰期减少出错也是提升效率的方法。很多商家在高峰期时经常接到用户投诉少餐 / 错餐的电话，这些问题很多时候是由骑手取错餐导致的，例如商家在完成出餐后，将各平台的外卖单无序地混放在一起，骑手到店取餐时很容易出现拿错餐的情况，同时也极容易发生因为找不到餐导致的骑手扎堆现象。在外卖高峰期，如果订单达到 80 单 / 小时以上，则需要配置专人在骑手取餐处进行核单，或者通过智能取餐柜来避免拿错餐和扎堆取餐的问题。

目前汉堡王部分门店已经安装了美团智能取餐柜，利用取餐柜将订单单独存放，便于骑手高效取餐，门店通过取餐柜上的电子屏幕交互来节省骑手和后厨之间的沟通成本。当店员将备好的餐品放在取餐柜后，系统会自动将信息同步给骑手，并且消费者也可以实时在后台查看外卖订单的最新状态，让整个备餐时间透明化。通过智能取餐柜，汉堡王的平均取餐时长缩短了约 4 分钟。在未来，智能硬件设备帮助餐厅提升经营效率在餐饮业发展中将越发重要。

骑手维护

想要促成一次完整的外卖交易，只靠商家出餐远远不够，还需通过骑手将餐品配送给用户，这样用户才能真正地消费到产品。因此，骑手在整个外卖交易中发挥着重要的作用，是配送环节的核心力量。商家靠骑手穿行在城市的不同道路上，找寻到不同的用户，完成订单交付，最终实现线上交易到线下用餐的场景转换。

1.骑手维护的重要性

在外卖运营中，商家不仅要管理好自己的店铺，协调内部员工之间的合作，还要积极构建内部员工与骑手之间的工作配合关系。外卖业务所涉及的流程环节比较多，每个环节都需要我们去精细化管理，才能实现最终的提效。

商家可以思考一下，在日常经营中有哪些环节会与骑手产生深度的合作，又会在哪些层面需要和骑手相互配合，从而保证优质的用户体验。

在出餐效率层面，当骑手已经来到门店取餐，但是需要配送的餐品还未制作和打包完毕时，骑手就会比较焦急。如果骑手时间来不及，他可能就会离开先去别家店取餐，造成取餐时间延长，这样会影响店铺的订单配送。

在配送效率层面，恶劣天气会非常影响整体的配送效率。骑手的接单、取餐效率降低，整个订单的配送时间必然会增加。当店铺有一些重要的营销活动时，很有可能会出现爆单的情况，这会造成一定程度的骑手运力紧张，骑手会配送不过来。

在用户交付层面，由于骑手是商家实际接触用户的重要媒介，商家常常会希望通过骑手来向用户传达一些品牌理念、活动信息。这时候，维护好骑手关系的重要性就更加凸显了。商家与骑手建立良好的合作关系，不但能够交付给用户体验良好的餐品，还能帮店铺进行线下的实际宣传，将店铺的口碑传播开来。此外，在交付的过程中，万一出现餐品洒漏的情况，商家可能也会需要通过骑手来帮忙解决问题，从而挽救用户的负面体验。

商家应该意识到，外卖交易是需要多方共同协作完成的，因此，人与人之间关系的维护是非常重要的。骑手作为重要的参与方，在配送环节扮演着重要的角色，是连接商家与用户的重要纽带。商家应该充分理解骑手的真正作用，并且维护好与骑手的关系，通过有效的合作，最终实现双方的互利共赢。

2. 如何维护与骑手的关系

骑手关系维护是一门重要的学问，是需要商家在经营管理中去不断学习和归纳总结的。商家可以充分利用平台的优势及现有的管理工具，建立起一套与骑手有效配合的机制，并且定期进行优化。当遇到双方合作上的问题时，商家要积极处理并总结经验。

（1）门店如何与骑手配合

在外卖 App 商家端后台，有很多与配送相关的信息。商家应该学会利用这些信息，协调与骑手之间的合作，减少问题的发生，提升配送效率。

首先，商家能够看到骑手的所有配送状态，接单、到店、取餐、送达、取消等动态都会被平台及时同步给商家，商家可以依据这些动态来调整自己的经营动作，从而与骑手更高效地配合。其次，商家可以对配送订单进行操作，如果运力紧张，可以增加小费或者发起自配送。如果有紧急情况发生，商家可取消配送。此外，商家也是可以对骑手进行评价的，这一功能可以起到一些相互监督的作用。最后，商家在后台是可以获取到骑手的基本信息的，包括电话和位置，如果遇到一些问题，商家可以及时联系骑手并进行处理。

商家与骑手之间应该分工明确，并且建立起通畅的沟通机制。商家应按照出餐时间和订单要求制作、打包，使用便于运输的包装物料。骑手应在规定时间范围内到店取餐，保证菜品的完整性并准时送至目的地。商家可以通过商家端后台、微信群、电话、短信等方式建立与骑手的沟通渠道，以便在出现配送问题或顾客投诉时可以妥善沟通和解决。

（2）维护骑手关系的具体方式

商家与骑手之间应该互相尊重和理解，在平等的关系上建立合作，这样才能充分发挥双方的优势，共同为店铺创造效益。

当遇到骑手催餐时，商家要能够与骑手耐心、礼貌地沟通，千万不能带有情绪。人在着急的情绪下，可能会有一些不太合适的言语或行为。商家应该对骑手进行安抚，并且说明情况，加紧出餐，缓解骑手配送的压力。

商家可以在门店设置骑手等位区，给骑手创造一种较为优质的取餐体验。在等位区，可以视情况给骑手提供饮用水、充电等服务，让骑手能够在此休息片刻，并且安抚骑手的焦急情绪。商家为骑手提供便利，骑手必然也会为商家更好地服务。

此外，商家要有与骑手定期交流和沟通的意识，可以建立骑手微信沟通群，积极与骑手互动，倾听骑手反馈的问题，了解骑手的需求，并且适当地关怀骑手。商家还可以为骑手提供一些优惠套餐等福利，或者可以举办线下交流沟通会（见图5-5），从而维护好与骑手的关系。

图 5-5　商家与骑手的线下交流会

（3）处理骑手常见问题的经验总结

当出现无骑手接单的情况时，商家在平时可以留有熟悉的骑手电话或微信，让其帮忙接单。如果 15 分钟无人接单，有自配送能力的商家可以取消配送，选择自己送或者使用美团跑腿，这种情况平台不扣配送费折扣。若导致顾客要求退款，符合餐损条件的可申请餐损。

当骑手点击到店但实际未到店，商家要在第一时间联系骑手告知餐品已准备好，请其尽快配送。若一定时间后骑手仍未到店，商家可进行投诉。

如果出现联系不上骑手的情况，商家可以尝试多联系几次，如果长时间联系不上、出现空号、关机等情况，可联系顾客说明情况，让其重新下单。

骑手如果拿错餐，商家要第一时间联系骑手返回重新配送。这里要提醒商家注意配送餐品的分开摆放，打包袋上装订或粘贴美团小票，提醒骑手核对餐品和小票，将份数多的或者分开装的餐品绑定在一起，防止漏拿。

如果骑手遇到突发情况无法配送，例如车坏了等，商家可以先让骑手取消订单，骑手无法取消的，商家可联系美团跑腿配送；骑手已取餐的，商家可联系顾客退款重新下单，退款订单可申请餐损，但需写明原因。

当骑手诱导用户退单时，商家可以向用户解释清楚情况，并电话告知骑手按照平台规定正常配送，骑手不配合的，商家可联系站点投诉。

当用户定位偏差较大，或者更改地址时，如果用户定位相差不大的可由骑手配送；而如果相差距离过大的话，建议商家与用户沟通增加小费、协商配送。

当骑手联系不上用户时，商家可以尝试多渠道不间断地联系用户，若长时间联系不上，用户又申请退款，商家可拒绝并联系客服说明情况。

如果出现骑手态度不好的情况，原则上谁的责任谁承担，商家和骑手要互相理解，若骑手有异议，商家可电话联系客服或者向站长反馈，对态度或行为比较恶劣的骑手，商家可拍照或者录制视频、调取监控取证，报警处理。

交付体验

交付体验是用户在收餐时的整体感受和体验，有对产品包装的感观体验，还包括对骑手的手势、用语、着装等体现的综合服务的感受。好的交付体验可以给用户接下来的用餐打下良好基础，有效提升用户消费的满意度，从而为商家塑造良好的品牌印象。

随着外卖业务的不断发展，用户对于交付的期望越来越高，希望在收到令人满意的餐品的同时，更能收获一份体验良好的交付服务。这对餐饮商家就提出了更高的要求，商家应该认可交付体验的重要价值，不断改善自身的交付方式，提升交付质量。

1. 交付体验的重要性

对于商家来说，良好的交付体验可以有效传达品牌价值，占领用户心智，增强用户黏性。餐饮市场竞争加剧，为了提升品牌的竞争力，商家要充分利用好一切营销方式，传递品牌信息。因此，商家可以借助交付场景，通过外卖包装、骑手配送，将品牌形象嵌入到用餐者及周围环境中，从而提高用户对品牌的好感度和认知度。

我们知道，现在好吃的产品太多了，单靠美味的特点已经无法强有力地吸引用户。如果我们能够在交付产品的时候，为用户创造一些小惊喜，例如贴心的小礼物、骑手温暖的语言等，就能够增加用户消费的新奇感和愉悦感。

此外，好的交付体验能够提升用户的用餐体验，增加用户复购率和口碑传播度，进而为商家带来营业额的增长。如果用户在整个配送环节、产品交付、使用等层面都有较高的满意度，没有什么不好的体验，并且店铺的菜品口感较佳，服务优质，那么用户还是很愿意进行重复购买的。商家一旦在用户心中形成了良好的形象，就表明商家和用户之间建立了较好的连接关系，用户甚至可以帮助商家进行口碑传播，让更多的用户成为店铺的消费者。商家拥有的用户越多，占据的市场就越大，自然会有更多的订单量，店铺收入也会水涨船高。

2. 如何做好交付体验

商家要想做好交付体验，主要可以借助产品包装和骑手配送来实现。在前文中我们已经详细讲述了外卖产品包装设计的各种方法，商家可以重温一下。在这里，我们主要阐述商家通过骑手配送环节来打造优质交付体验的方法。

骑手应该穿着正规的配送服装，服装整齐干净，这样有助于塑造自身专业的形象。在整个配送环节，骑手应该保护好餐品，不早到，不延迟，在合理的时间范围内将餐品配送给用户。如有异常，骑手要与用户提前沟通，及时告知用户餐品的相关信息。

当骑手到达用户所在地的时候，从打电话联系用户、敲门（按门铃）再到交付餐品等，整个过程应该保持友善的态度，尽可能地使用礼貌用语，例如"您好，您的外卖到了，祝您用餐愉快，再见"等。

当遇到用户不在家的情况时，骑手可以同用户协商沟通放置地点，并拍照告知用户，同时建议用户尽快取餐，以免餐品丢失或变凉影响口感。需要注意的是，骑手可以在线上群内告知相关信息，便于商家、用户了解情况和后续沟通。

当出现餐品配送错或者洒漏的情况时，骑手应该告知商家，由商家协助解决用户需求。这时要及时向用户致歉，询问用户意见，看是否需要退款、补送或者给予其他补偿。

总之，商家要注意和骑手维护好关系，建立沟通机制和问题处理流程，这样才有助于第一时间响应用户需求和处理投诉，优化用户体验，提升用户满意度。

第六步

客情维护

用户管理

对商家来说，用户体验是商家以服务为舞台，以商品为道具，围绕着用户，创造出值得用户回忆的活动。其中商品是有形的，服务是无形的，而商家所创造出的体验是令人难忘的。在用户体验中，商家提供的不再只是商品或服务，它提供的是体验，并充满了感情的力量，给用户留下难忘的愉悦记忆。

1. 用户体验管理的内涵

用户体验已经成为餐饮企业竞争的重要战场，商家只有不断地提升用户体验，才能使用户满意，获得忠诚的用户。餐饮商家不仅要打造自身卓越的运营能力，还要注重制定管理用户体验的策略。店铺的用户体验管理得越好，用户再次消费的概率就越高，店铺也会展现出优质的品牌形象，在激烈的市场竞争中立于不败之地。

总的来说，外卖业务的用户体验管理是以打造店铺的优质体验为目的，深入思考用户的消费心理及行为，在向用户传达店铺信息或者与用户的接触中，通过一定的方式或者策略让用户有良好的体验，产生愉悦的购买行为。

2. 用户体验管理的设计原理

（1）触点管理，全流程把控

所谓的触点管理，就是商家针对与用户接触的每个关键时刻，采取一定的运营技巧和方法，使得这些关键时刻成为用户满意的点，从而提升用户转化率、复购率，产生用户自传播。

这需要商家建立起一种系统化、全链路的用户体验管理模式，梳理出外卖经营管理中与用户体验相关的环节，在这些环节中注重对优质用户体验的打造。这不是让商家去说服用户，而是通过一系列用户体验管理动作，自然而然地影响用户的判断和决策。

（2）峰终定律

用户体验管理中有一个著名的理论叫峰终定律，即如果把一个完整的消费体验流程切分成各个触点的话，每一个触点都会给用户带来体验上的不同感受，如果沿着每一个触点连成一个波浪线的话，用户的消费感受取决于这个波浪线的高峰点和终点，简称峰终定律。

峰终定律表明，在一个消费过程中不好的体验环节会被体验好的高峰环节和终点环节所代替，从而给用户留下好的记忆。而如果高峰环节和终点环节体验不好，即使过程中有很多好的体验，也不会给用户留下好的记忆。这就是为什么迪士尼会在人们离开的时候放绚丽的烟花，因为游览迪士尼是很辛苦的，为了给用户留下一个好的印象，迪士尼会在用户离开的时候（而这个时候通常也都是天快黑的时候）放烟花，即使用户辛苦游览了一天，但看到绚丽的烟花时，会不由自主地留下迪士尼很美丽的印象。类似的例子还有宜家家居（见图 6-1）。

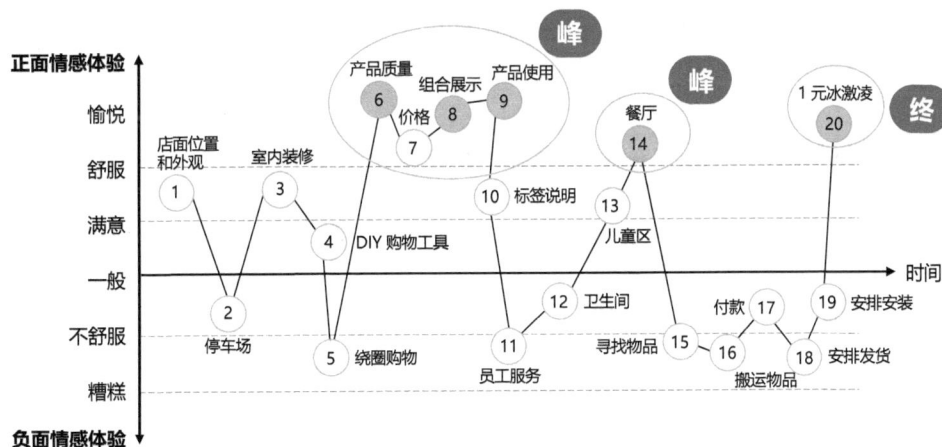

图 6-1 宜家消费体验中的峰终定律

这里值得注意的是，峰终定律并不是让你只关注用户消费体验过程中的那些"高峰点"和"终点"，而是说要在做好用户消费体验触点管理的同时，更要注重高峰点和终点，这样才能更加科学和有效地进行用户体验管理，创造绝佳用户体验。

（3）用户体验金字塔

商家在进行用户体验管理的时候，除了要全面地考虑影响用户消费体验的各种因素，也要对用户体验的不同等级有所了解。用户体验金字塔将人的需求由低到高分为三个等级：需求满足、容易性、愉悦性（见图6-2）。

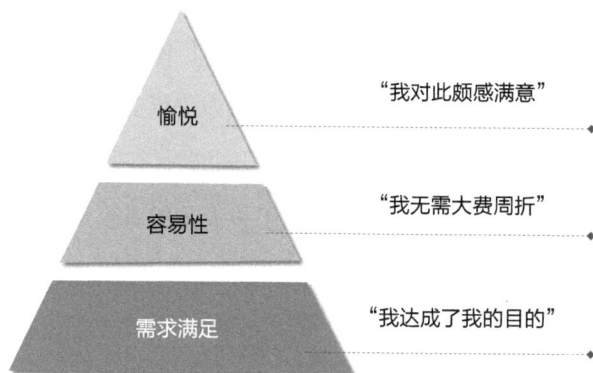

图 6-2　用户体验金字塔

需求满足作为用户体验金字塔最基础的部分，其原因在于，需求满足是基石。用户购买产品最重要的是这个产品能解决他的问题、痛点。

当商家满足了用户最基本的需求之后，如果想要在市场上有一席之地，那么就要考虑用户体验金字塔更高的一个层级——容易性。如果用户在你的店铺消费时，整体的购买行为是很顺畅的，不需要花费很多额外的精力，那么店铺的用户体验会更上一个层级。

如何让用户产生愉悦的体验呢？简单来说，就是打造优质的店铺服务，创造超出用户预期的体验。如果用户在消费过程中感觉到惊喜，那么店铺就成功达到了用户体验的顶端，能帮助店铺形成很强的竞争优势和优质的品牌形象。

3. 堂食和外卖用户的全链路消费体验流程

堂食和外卖有着不同的经营模式和消费场景，这就决定了二者的用户消费体验流程有着不同侧重点。餐饮商家应该细致了解堂食和外卖用户消费的不同之处，有针对性地设定符合两者特性的用户体验管理模式。

（1）堂食用户消费体验流程

堂食用户消费体验流程的重点在于堂食有线下门店这一真实的消费场景，用户可以与门店及门店的服务人员发生实际接触，产生很多直观的和细致的消费体验（见图 6-3）。

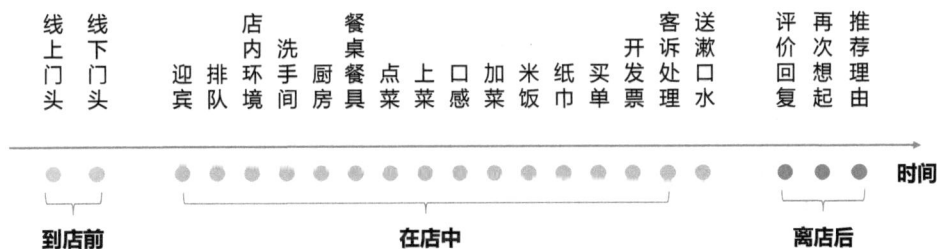

图 6-3　堂食用户消费体验流程

值得一提的是，现在有了外卖业务，店铺留给用户第一印象的时刻，不单单局限于线下门店的亲身体验，还有在线上看到店铺时留下的印象。

（2）外卖用户消费体验流程

相比于传统的餐饮行业，外卖有着独特的用户消费体验流程（见图 6-4），需要商家运用互联网思维来进行用户消费体验管理。与堂食不同的是，商家常常需要依托第三方骑手来将商品配送给用户，这个环节中的用户体验管理需要好好花费心思设计。

图 6-4　外卖用户消费体验流程

4. 如何做好外卖用户体验管理

在外卖这个餐饮新业态下，做好用户体验管理可以有效地提升用户复购率，促进门店口碑传播，持续打造优质的用户体验，可达到提升品牌形象的目的。用户的复购、口碑传播最终会反过来提升曝光量和转化率。做好用户体验管理可以让外卖流量运营形成良性的闭环。

总的来说，我们可以根据外卖业务的经营特性，将用户体验管理分为：购物流畅度、配送准时度、产品满意度、售后满意度、回忆抓手（见图 6-5）。

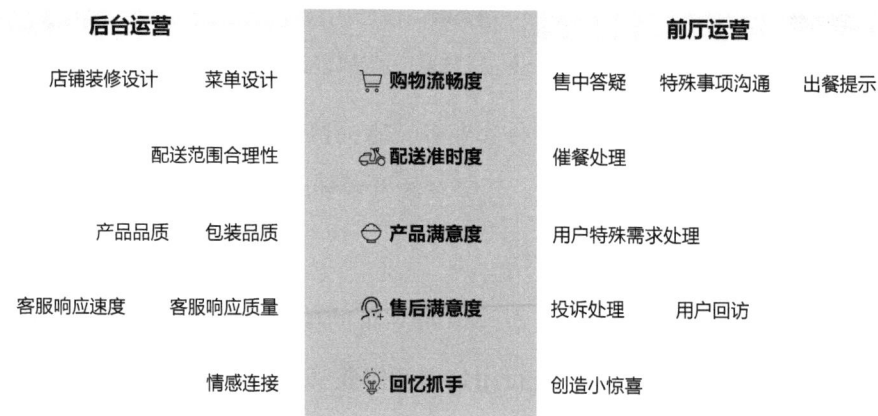

图 6-5　外卖用户消费体验管理范例

（1）购物流畅度

购物流畅度主要是指用户在外卖消费的过程中，能够便捷、准确地找到自己想要的商品，并能顺畅地完成支付购买。

商家在进行购物流畅度模块的用户体验管理时，一定要思考清楚哪些外卖运营动作与其相关，按照相关性做好分类。一般来说，店铺装修设计、菜品选择及菜单设计、售中答疑、特殊事项沟通、出餐提示等是影响用户购物流畅度体验的重要因素。

我们在前文中已经讲述了很多店铺装修设计、菜品选择及菜单设计的具体操作方法，这里着重阐述售中答疑、特殊事项沟通、出餐提示这三个维度的用户体验管理方式。

第一，售中答疑。

用户在支付完订单后到收到餐品前，都还是处于售中的阶段。在这个阶段，商家应该建立及时高效反馈问题的机制，将整个服务流程标准化。一般来说，外卖商家端后台有开启及时回复消息的功能，并且还能够开启智能机器人回复模式。当用户有任何问题在线联系商家时，无论是商家亲自回复还是机器人智能回复，能给用户一种需求被及时回应的体验，从而建立商家与用户之间的良好关系。

第二，特殊事项沟通。

在外卖运营中会出现各种各样的问题，这些问题会影响用户的消费体验。商家应该在经营过程中总结一些对待特殊问题的解决方法，并将这些方法加以复用，避免使店铺处于经营混乱中。

订单备注能够反映用户个性化、差异化的需求，商家一定要记得看用户下单备注。避免忽视用户的特殊需求，带来糟糕的用户体验。

还有一点需要注意，当店铺遇到爆单的情况时，商家一定要建立起紧急处理预案。这个时候大概率会出现出餐慢而导致配送延迟的问题，商家应该主动联系用户，询问用户意见，明确用户态度，并进行相应的处理。

总的来说，当店铺发生特殊情况时，商家要抓住机会和用户沟通，建立良好的问题处理方案，把用户的不佳体验转化为优质体验，重新挽回用户的心。

第三，出餐提示。

当商家完成出餐时，可以向骑手发送消息通知其取餐，并且通过在线联系的方式告知用户商品已完成制作。这就是从用户角度出发考虑问题，既减少了用户等待餐品的时间，又能让用户及时了解出餐进度。

（2）配送准时度

配送层面的用户体验管理是十分重要的。因为等待本身就是一件很容易让人产生不愉快体验的事情，如果商家没有控制好用户等待的时间，很容易造成用户的不满，不利于店铺的有效经营。因此，商家应该十分重视店铺的配送准时度，这部分用户体验管理主要包含配送范围合理性和催餐处理。

配送范围的合理性是指商家要根据自己的经营能力和配送方式来科学划定店铺的配送范围，避免因为配送范围不合理而导致用户消费体验大打折扣。

催餐处理是每个商家在外卖运营过程中经常遇到的问题，因为天气、交通、出餐效率等各种原因都有可能导致订单配送不及时，并且还会遇到用户取消订单的情况。在进行用户体验管理的时候，商家首先要建立主动沟通的原则，出现问题要及时联系用户，讲清原则，并提供解决方案。在用户心中，平台、骑手、商家是一体的，在配送过程中无论是哪一个环节出现问题，商家都应该具备主动承担的意识。此外，如果出现订单被取消的情况，商家应该分析用户申请退款的原因，明确赔付类型，选择相应的处理方法，避免带给用户不愉快的体验。

（3）产品满意度

无论是堂食还是外卖业务，产品品质对于用户来说都是至关重要的，因为用户消费和期待的就是菜品品质。因此，外卖用户体验管理的重中之重就是用户的产品满意度。

产品满意度主要包含产品品质、包装品质和用户特殊需求处理。产品品质和包装品质是最核心的经营动作，各商家都应该积累了很多经验和技巧。用户特殊需求处理则是围绕着产品而延伸出来的一种服务。

店铺面对的用户千人千面，不同用户的饮食习惯必然有差异。当用户出现特殊需求时，例如想要加餐、换餐或者退整单/退单品、临时开发票等，商家一定要建立基本的处理流程和标准，这样当问题发生时，员工可以有参考依据。当用户有特殊需求时，商家一定要扮演好解决问题的角色，不要向用户抱怨，也不要推责。这里要强调的是，对用户临时开发票的需求，商家一定要按照国家相关的法律法规执行。

（4）售后满意度

对商家来说，售后用户体验管理本质上就是一种二次销售和口碑推荐，是非常有助于店铺的整体发展的。售后用户体验管理的质量直接影响到用户对产品和品牌的满意度、忠诚度。那么，商家如果期望持续经营，必然要重视对售后用户体验的管理。

售后满意度模块主要包含线上客服响应速度和响应质量、投诉处理、用户回访。下面重点讲述一下商家如何进行投诉处理和用户回访。

商家应该明白，遇到投诉是一件非常正常的事情，不要一出现投诉就手足无措。店铺应该建立售后处理的流程，将投诉处理视为常态化工作。明确员工在进行投诉处理时的流程和权限，形成规范的工作标准。此外，商家可以对一些常见的投诉问题进行总结，在关键流程节点形成话术策略。这样就能够保证应对投诉处理时有基本的方法论作为支撑，提升投诉的处理效果。

用户回访是改善用户体验的重要途径，商家必须养成定期进行用户回访的习惯。商家在进行用户回访的时候，重点调研的方向包括：菜品口味调研（新品／老品）、菜品体验（洒、少、错餐）、用户来源（是否为堂食用户转化而来）、配送时效／服务（自配送商家）等。商家要注重建立与用户的联系通道，确保回访的时候有联系方式。此外，在进行用户回访的时候，商家可以提前准备好要问的问题，用用户语言表达，切勿大而空。好的用户回访可以挖掘出经营问题，不好的用户回访会造成用户反感，浪费员工和用户的精力，没有实际意义。

用户回访的重点是了解用户在整个消费体验中不满意的地方，找出问题，了解用户对商家的建议。通过用户回访，商家不仅可以解决和改善经营管理中的问题，还可以改进自身形象并加深与用户的关系。

（5）回忆抓手

用户满意有一个范围，被称为忍受区域，在这个区域内，用户对不同商家间的满意度差异和消费决策差异不会太大。当用户满意度超过忍受区域的上部阈值的用户满意度被称为消费惊喜。惊喜也是引发用户分享的因素之一，制造消费惊喜既可以增加用户对店铺的满意度，又可以触发用户对商家的传播分享。

在用户体验金字塔层级中，为用户创造惊喜是最高层级的用户体验，能带给用户深刻的品牌记忆。作为回忆抓手的用户体验管理，重点在于建立情感链接和创造小惊喜。商家可以在整个消费流程中，思考哪些经营动作可以为用户创造超过预期的体验。比较常见的运营操作是给予用户随餐惊喜，随餐惊喜要遵循价值感高、成本低的原则，并且最好能够体现餐厅／品牌 LOGO，并且有一定的赠送理由，让用户感到惊喜。

评价管理

互联网带给整个餐饮业的变化之一就是让用户的意见透明化。有了外卖平台、大众点评这样的第三方服务平台，用户消费后的反馈意见有了地方展现，并且可以留存下来，形成店铺用户评价，成为店铺口碑。

对商家来说，对用户评价的管理格外重要，所有用户的消费体验都可能成为用户评价，留在店铺的主页上，成为其他用户消费时的重要参考依据。

具体来说，用户评价管理主要包含两个方面的运营动作。一个是管理用户，让用户更多地给予店铺正面评价；另外一个是管理自身，根据用户评价，挖掘经营问题，改善经营状况。

1. 商家为什么要做用户评价管理

外卖用户无法通过店面形象、客流等判断一个店铺的产品好坏，用户评价是用户消费时的重要参考依据。用户评价是外卖店铺整体产品、服务质量的呈现，不仅决定了新用户是否进店，对店铺排名也有很大影响。管理外卖用户评价，是外卖店铺的一项重要工作。

首先，用户评价管理能帮助店铺吸引新用户。用户评价在很大程度上会影响新用户的下单转化。很多用户习惯在进一家新店时先看评价，如果店铺好评占比高，几乎没有差评，那么就容易被吸引下单；如果店铺有较多的差评，新用户就会对店铺产生较为糟糕的印象，甚至拒绝消费。

其次，用户评价能够维护商家与老用户的关系。商家对用户评价的及时回复会让老用户觉得受到了尊重和重视，用户有外卖需求时也会优先考虑这样的店铺。这样不但有助于商家与老用户形成良好的客情关系，还能提高店铺的复购率。

此外，用户评价是影响门店排名的重要因素。这一点前文中也强调过，商家的评分会影响商家的排名，而商家的评分又和用户的评价直接关联。

最后，商家通过用户评价管理能有效地发现自身经营中的问题。商家在经营的过程中，很难发现外卖运营中的不当之处。而用户作为店铺的消费者，是能从一次次消费体验中发现商家所提供的服务有哪些不妥之处的。这些都可以在用户评价中得到反馈和体现。用户评价的实质就是用户消费体验的反馈，商家如果想不断提升经营水平、保持竞争力，一定要通过用户评价挖掘门店运营问题。

2. 如何获得更多的用户评价

目前，外卖平台上用户评价的呈现方式主要有三种。第一种是文字呈现的评价，这种评价方式比较常见；第二种是文字＋图的评价方式，有了图片的评价能更直观地展示商家的服务和菜品；第三种是文字＋视频的评价方式，视频能更加真实地记录产品和服务的信息，也能向用户传递更多的评价信息。

那么，商家如何才能获得更多的用户评价呢？

（1）用超出用户心理预期的产品和服务，争取用户好评

用户在进行外卖消费时，如果享受到高性价比的产品和贴心的服务，一定会产生惊喜，用户很有可能会为店铺奉上好评。服务方面则更多是商家对细节

的把握，如包装美观结实且能展现品牌形象、小菜独立包装、提供一次性手套等，这些方式能为用户提供超出心理预期的产品和服务，也提高了店铺获得好评的概率。

（2）通过媒介提示、营销活动，主动吸引用户评价

为了积极引导用户评价，商家可以在随餐赠送的卡片、餐垫纸中，增加引导用户评价的内容，提醒用户做出评价。此外，商家也可以与用户联系，提示用户做出评价，但切记不要对用户造成打扰。一般来说，如果产品和服务能获得用户的认可，那就有较高的概率获得好评。

此外，商家还可以设置小额代金券发送给五星好评的用户，并在外卖平台展示信息，提示用户好评返券。如果店铺有微信群，还可以定期让用户在群里晒好评，群主发红包或把所有好评的用户集中起来，进行抽奖。这样，用户的黏性会更高，店铺在收获好评的同时，也提升了用户复购率。

3. 如何回复用户评价

用户发的带文字和图片的评价会在外卖店铺中展示，并且老用户的评价是影响新用户下单的因素之一。所以用户给予的文字和图片评价是至关重要的，评价回复是商家对用户重视的直接的体现方式，评价回复既是商家和写评价的用户的一种沟通方式，也是让门店新顾客了解商家服务态度与解决问题能力的重要渠道。

这里需要指明的是，很多商家认为只有差评才需要回复。其实无论是好评还是差评，都应认真地给予回复。

对用户评价回复最好的方法是在掌握评价回复技巧的同时，沉淀下来一套优质的回复模板，成为随时可参考的"智库"。回复模板是提供参考的，商家可以依据用户评价的具体内容，适当进行调整并且有针对性地回复，尤其是在

回复用户的差评时，这样才能取得不错的用户评价回复效果。

好评的回复技巧公式为：扣题致谢＋二次营销＋礼貌性结束语。一般来说，建议优先回复以下四类好评：

- 置顶的评价通常写着"优质点评"，浏览量非常高；
- 点出门店特色，对其他顾客有引导作用的；
- 好评中带着建议或者透露出不满，特别是对用了"还好吧""不过还是送上五星"这些语句的顾客，这代表革命尚未成功，商家还要再来个回复，才能抓牢他们的心；
- 非常热情，甚至点名 @ 了老板或者店员的评价。

商家在回复好评时，可以引用用户评价中说过的话，让对方感觉自己被重视、被关注。商家对认可自家门店的用户，可以主动获取用户联系方式。商家可以通过微信朋友圈、好友头条等位置，让用户看见商家的店铺信息，提升用户复购率。商家回复的内容可以像朋友聊天一样，增加真实感，拉近距离。

此外，用户评论区也可作为广告宣传的一种方式。如果用户对某款产品表示满意，店家在表示感谢的同时，还可以告知用户产品是独家秘方或经过复杂的工艺制作的，或者借机宣传店铺其他同类产品。

差评回复的技巧公式为：称呼＋扣题道歉＋适当解释＋改进／解决方案＋礼貌性结束语。

处理顾客差评时，商家应当回复及时，给用户留下认真负责、迅速响应的印象。回复内容以道歉为主，但要避免毫无重点的长篇大论。商家的态度要诚恳，如果有特殊情况可以说明原因，但拿出解决办法是关键。此外，切忌统一模板回复。回复内容要有针对性，让顾客感受到商家真诚的态度。

这里总结了一些评价回复中需要额外注意的要点。

- 结尾切记出现：啊、呀、吧，这些语气词的出现会减少语句的精准性。

- 不要使用"……！！！？？？"一类的符号，否则会让顾客产生不被尊重的不悦情绪。

- 多说"我们"少说"我"，这样可以让顾客感觉是一个团队在为他服务；另外，"我们"可以拉近商家与顾客之间的距离，例如"我们了解了一下这个问题"。

4. 如何分析用户评价

对商家来说，用户评价是值得合理利用的宝贵资源。商家可以利用用户评价，高效为用户提供真实的消费决策参考信息，同时也可以了解自身经营情况、进行用户调研互动，进而有针对性地改进店铺的服务质量。

在外卖商家端后台，商家可以看到关于用户评价的具体信息，这是商家进行用户评价分析的主要渠道，这个功能中，用户评价数据主要包括用户评价口碑情况、用户评价关键词、商品好评榜、商品差评榜。商家一定要定期分析这些与用户评价相关的数据，对自身店铺的口碑情况有详细且深入的了解。商家要学会从用户评价高频词语中挖掘店铺运营问题。

总的来说，商家要把用户评价反馈融入店铺的日常经营管理中，可以每日、每周、每月等定期总结和分析用户评价，挖掘自身在外卖运营中出现的问题，及时处理和改善这些问题，不断提高外卖运营水平，为用户提供更加优质的服务和体验。

第七步

数据分析

经营分析

如果把商家对企业的经营管理比作一辆想到达预定目标的行驶中的汽车，那么我们必须了解现在的车况，行车的地理位置，有没有什么异常情况，下一步应该做何操作，开到路口时应该选择什么方向，这些动作都可以被称为经营分析。

经营分析是管理者利用会计核算、统计核算、业务以及其他方面提供的数据信息，采用一定的分析方法，依靠计算技术来分析经济活动的过程及其结果，从而加强对企业运行情况的把握，监控运行过程的问题，发现商业机会，以便充分挖掘企业的人力、物力、财力和潜力，提高经济效益的管理过程。

企业的经营目标、管理方式决定了经营分析的内容。商家通过定期的经营分析，可以明确自己的经营目标。建立经营分析模型，把现有的数据和业务信息转化为有价值的洞察，可以帮助商家了解企业经营的现状，发现企业运营的优势和劣势，从而及时调整战略方向，不断进行优化创新。此外，商家通过经营分析可以预测未来发展趋势，这能够帮助和指导企业制定未来的发展策略，增强竞争优势。

外卖经营分析主要包括五大模块，分别是营收分析、流量分析、商品分析、营销分析、服务分析（见图 7-1）。

图 7-1　外卖经营分析的五大模块

1. 营收分析

营收是最能直观反映企业经营水平的指标，是整体业务发展的基本概况。而营收分析主要是通过对商家收入、利润、补贴率等维度进行评估，从而判断目前企业经营的质量。商家通过经营分析，可以核对自身战略目标的实现情况，并细致了解企业营收增长情况。

（1）店铺收入

店铺收入可以分为营业额和实收营业额。

营业额是指商家在运营店铺的过程中，通过销售产品而取得的全部费用。这里的营业额是不需要扣除成本的，并且还将美团活动补贴也算作店铺收入的一部分。营业额的具体计算公式如下：

营业额 = 有效订单 × 实付单均价 + 美团活动补贴 − 美团配送费

实收营业额可以理解为店铺的利润。利润是指商家在一定经营期内所获得的收入，减去各种相关成本支出，最终获得的实际收入。实收营业额的具体计算公式为：

实收营业额 = 有效订单 × 实付单均价 + 美团活动补贴 − 美团配送费 − 支出

（2）订单利润

订单利润，可以简单地理解为商家每一笔订单获得的实际收入。订单利润的计算是要减去各种成本支出的，是商家拿到手的金额。

订单利润的计算公式为：

订单利润 = [商品原价 + 包装费 + 配送费（跑腿 / 自配送）] −

商家活动补贴 − 平台服务费 − 公益支出 − 其他支出

这里的其他支出是每笔订单所耗费的食材成本、人力成本、包材成本等。商家为一笔订单的销售垫付的资金，也都可以定义为订单相关的成本支出。

（3）补贴率

为了提升店铺的吸引力，促进用户下单转化，商家会采取各种各样的营销活动。而平台也会通过一定的形式给予商家一定的补贴，主要可以分为满减补贴、配送费补贴和流量扶持。补贴率能够在一定程度上反映店铺的健康水平和可持续发展能力。

商家补贴率的计算公式为：

商家补贴率 = 商家补贴金额 / 营业额 × 100%

平台补贴率的计算公式为：

平台补贴率 = 平台补贴金额 / 营业额 × 100%

2. 流量分析

想要做好外卖运营，就必须理解流量。流量意味着商家能够被更多的用户看到，店铺能够覆盖更广大的用户群体。流量高了，自然也有利于订单量的增长。

流量相关的数据主要包含曝光量、入店转化率、下单转化率、复购率等。一般来说，店铺流量来源可以分为两种。第一种是自然流量，是店铺在无推广干预的情况下，一定时间内从商家列表、首页展位、频道页展位、搜索入口及其他入口获取的自然流量总和；第二种是付费流量，是店铺通过外卖平台付费推广的方式，从外卖平台获取的流量总和。

（1）同商圈对比分析

商家如何评估自己店铺的流量高低呢？首先可以与同商圈竞争者进行对比分析，商家可判断自身所处的市场位置。

商家可以通过测算同商圈、同一品类店铺流量的平均值，来分析自己的店铺有没有掉队，整体流量状况是否处于平均水平。

此外，商家如果有更高的流量获取目标，可以通过测算同一商圈同一品类中前 10% 商户获取流量的平均值，来制定店铺未来的运营目标。流量是影响店铺营收的重要因素，商家可依据商圈同行前 10% 的均值数据，测算出店铺理论营收可提升的空间。

（2）内部自我剖析

除了要关注商圈同行的流量数据，我们还需从内部进行自我审视，分析自身店铺的整体流量表现、分布情况等，全面了解自身的流量运营水平。

商家可以制定相应的流量分析策略，以固定时间周期的形式对店铺的流量状况进行深入对比，从时间维度上关注店铺流量的增长状况。

此外，流量有不同的来源，商家也应该重点分析流量渠道分布。这里主要可以关注自然流量和付费流量的占比，并且可以分析各渠道流量来源占比，例如商家列表、首页展位、搜索等渠道具体的流量数据，有助于商家进行相应的运营策略调整。

3. 商品分析

商品是店铺经营的重要组成部分，是用户消费的主要目标。如果店铺没有多样且富有竞争力的商品，那么用户下单意愿必然很低。所以餐饮商家都致力于研发和打造优质菜品，建构自身竞争力。

（1）优质商品率

外卖平台对优质商品的标准是标签已填写、分量已填写、图片清晰、图片无边框、图片不是翻拍的。这是从运营的角度来进行定义的。商家精心运营的商品，口味和质量也一定不会差。

商家可以在外卖商家端后台查看商品分布状况，了解店铺优质商品和低质商品的占比，并且与同商圈商户优质商品占比进行对比分析。所谓的优质商品率，就是在店铺所有商品中，优质商品的占比。

（2）商品商圈市占率

商品商圈市占率是指店铺售卖的某个商品在同商圈同类型的商品销售中占有的比率。商品商圈市占率的计算公式为：

商品商圈市占率 =［门店 SKU 月售 / 商圈 SKU 总量（商圈该 SKU 月售之和）］
× 100%

商品商圈市占率可以帮助商家了解商品的商圈竞争力，判断商品对商圈用户的吸引力，从而深入了解自身店铺商品的市场接受度，并且寻找改进空间。

（3）商品重复购买率

商品重复购买率的定义是用户重复购买某类 / 某个商品的比率，该指标体

现了用户对某类 / 某个商品的需求和喜好度。商品重复购买率的计算公式为：

商品重复购买率 = 商品购买次数 / 商品购买用户数 ×100%

商家可以了解店铺每个商品的销量情况，进行排名对比分析。其中单品购买率的计算公式为：

单品购买率 = 单品带来订单量 / 下单人数 ×100%

通过对店铺商品重复购买率等销量数据的分析，商家可以及时调整店铺商品的 SKU 数量，对菜单设计进行优化调整。此外，商家对用户购买偏好的分析可以帮助商家更好地研发菜品，推出更多受用户欢迎的菜品。

4.服务分析

在前文中，我们提到客情维护的重要性，其中很关键的一点是商家要创造优质的用户体验，不断提升自身的服务质量。那么，商家可以通过哪些数据维度来分析自己的服务水平呢？

（1）店铺评分

对既有堂食又有外卖的商家来说，店铺评分的评估包含外卖店铺评分和到店评分两部分。线上和线下运营紧密相关，缺一不可。

外卖店铺评分的计算周期为近 30 天。如果近 30 天有效评价数 ≥ 5，评分为近 30 天评价分数的平均值。如果门店近 30 天有效评价数 <5，则不展示评分。

外卖店铺近 30 天评分的计算公式为：

近 30 天评分 =（5×5 星数量 +4×4 星数量 +3×3 星数量 +2×2 星数量 + 1×1 星数量）/ 评价总数

如果外卖店铺要显示到店评分，必须先有足够的到店评价数量，如果线下门店无点评评分，则该项评分为 0（不显示）。

（2）商责取消率

商责取消率是指因商家原因导致取消的订单占比。商责取消率的计算公式为：

$$商责取消率 = 商家原因取消订单数量 / 系统推送总订单量 \times 100\%$$

商责取消率是反映商户履约能力的数据指标，与同行对比，该指标越低，商户越优质。

（3）配送延迟率

配送延迟率是指配送超时订单的占比。配送延迟率的计算公式为：

$$配送延迟率 = 配送延迟订单量 / 系统推送订单量 \times 100\%$$

配送延迟率是反映商户配送体验的数据指标，与同行对比，该指标越低，配送体验越好。配送是影响用户体验的重要因素，如果商家能和骑手配合好，提高配送效率，那么用户体验肯定更上一个台阶。

（4）在线联系回复率

在线联系回复率的定义是用户在线上发起对话后商家的回复率。在线联系回复率的计算公式为：

$$在线联系回复率 = 5 分钟内主动回复的会话数 / 当日收到用户主动发起的会话数 \times 100\%$$

如果用户在收餐前有任何问题，都可以通过在线联系功能与商家沟通。商家如果能够及时回复用户的问题，满足用户的需求，便能创造超出用户预期的服务体验。

（5）差评回复率

差评回复率指的是用户给予店铺差评后商家对差评的回复比率。差评回复率的计算公式为：

差评回复率 =［回复差评数 / 差评总数（过去 30 日内）］× 100%

如果店铺产生了差评，商家必须要及时处理，否则不但影响店铺的整体评分，还会影响用户的下单转化率，减少店铺的营收。

5.营销分析

在外卖店铺运营的过程中，商家会策划很多营销活动，帮助店铺获取流量，获得收入增长。商家通过一系列的外卖运营活动，可以满足用户的需求，促进用户消费。而对这些营销活动效果进行分析，是商家占据市场的重要保证，也是商家提高营销活动效果的有效方式。

商家可以根据营销活动的具体目标实现情况来评估活动效果。假设此次营销活动的目的是增加曝光量，那就需要和活动之前的店铺曝光量进行对比，如果曝光量有明显的增长，那么这次的营销活动是有效果的。

商家除了评估目标实现情况，还可以将店铺策划的不同营销活动进行对比分析。外卖营销活动的类型多样，商家可以选取适合自身店铺的活动进行尝试，总结出最有效果的几种活动类型，供店铺长期使用。

在营销活动结束后，如果店铺的营收状况反而低于活动前的水平，那么有可能是促销活动方式有误，也有可能是竞争对手反攻，还有可能是用户不能接受这种营销等原因造成的。因此，商家需要将活动中期与活动后期的数据进行比较，了解后续的销售水平，找出造成这种状况的原因，及时发现问题并有效应对。

下面为大家介绍一个计算营销活动效果的方法。

投资回报率（ROI）是指通过投资而应收回的价值，即企业从一项投资活动中得到的经济回报。在外卖经营分析中，这一指标主要用于评估推广或营销活动效果。投资回报率（ROI）的计算公式为：

$$ROI=（回报 / 投入）\times 100\%$$

比如，11 月份，×× 品牌 A 门店新增平台活动补贴金额 200 元，当月新增交易额为 1000 元；同品牌 B 门店新增平台活动 ×× 补贴金额上升 300 元，当月新增交易额为 3000 元。分析两个活动哪个活动 ROI 更高？

A 门店活动 ROI：（1000/200）× 100%=500%

B 门店活动 ROI：（3000/300）× 100%=1000%

结论：B 活动的 ROI 为 1000%，高于 A 门店活动 ROI（500%）。

用户分析

商家想要获得更多的用户，首先就得了解用户。我们通过一系列的用户分析方法，洞察用户的需求，探索用户的具体消费路径，建立详细的用户画像，从而完成店铺经营发展策略的制定。

用户分析更多的是指用户行为分析，用户行为是用户在购买和使用 / 消费产品时产生的行为，体现为相关的用户数据。商家可以运用不同分析方法对不同数据进行分析，了解用户需求，帮助运营数据增长。

通过用户分析，商家可以将店铺所覆盖的用户进行人群分层，归纳总结出不同人群的消费特点，这样可以有针对性地制定外卖运营策略，提高店铺整体的运营效率。此外，用户的购买行为也可以分为不同的阶段，且每个阶段各具特点，从初次购买、复购、收藏店铺等购买行为中，商家可以分析出用户不同的消费心理，增加用户的购买意愿。通过对用户行为的深入分析，商家可以更加了解自身产品是否能够卖出去，哪些人群会去购买，产品接受度又如何。这有助于商家把握真实市场的信息，降低营运成本，提高 ARPU（Average Revenue Per User，即每用户平均营收）值。

1.根据用户标签，细分用户

千人千面一直是我们反复强调的，不同的用户有不同的消费需求。此外，对商家来说，由于自身产品的经营特性和市场定位，所吸引的用户群体也是有特点的。例如，轻食类店铺面对的用户群体，可能偏年轻化，对健康饮食的需求比较高；日料店铺的用户群体可能消费水平比较高，对食材、口味的要求更高。

因此，商家要明确自己店铺所吸引的用户到底是什么样的，有哪些具体的特征。通过为店铺用户打标签，商家能够建构更为立体和直观的用户认知。

我们可以通过外卖商家端后台来深入了解店铺的用户。后台通过严谨的数据分析方法，为商家呈现了用户的消费类型、职业、年龄、性别、购买力、活动敏感度分布情况等基本信息。商家不需要自己去进行复杂的计算，只需要学会分析和利用这些信息，便可以得出有价值的洞察。

除了明确用户画像，商家还可以对用户的消费偏好进行细致分析。外卖商家端后台也为商家提供了用户的产品偏好数据。店铺用户的食材偏好排名、口味偏好排名、用户全平台常购买商家排名、用户同商圈同品类购买商家排名等，这些信息对商家经营策略的调整至关重要。商家可以依据用户对食材、口味的偏好，及时调整菜单，改良产品制作方法。通过对全平台或同商圈标杆商家的学习，商家可以在更好地了解竞争对手的同时，学到一些先进的管理经验，推动自身的发展。

此外，商家还可以利用后台数据分析用户来源，提升区域内用户渗透率。店铺热门地标可能有很多，但有的区域用户覆盖广，消费频次高，有的区域则用户覆盖较少，消费频次低，这都需要商家去深入挖掘背后的原因，对做得好的地方继续推广复用，对做得不好的地方要找出问题之所在并对症下药，不断扩大店铺的用户群体覆盖面。

2. 灵活运用数据看板，分析用户行为

商家要学会灵活运用外卖商家端后台的数据看板，分析用户的消费行为。比如，通过与商圈同行均值对比分析用户的获取水平时，如果店铺用户获取情况低于商圈同行均值，我们建议商家采取一些营销活动，提升用户的下单意愿。商家还可以分析店铺的新老客户占比，努力为用户带来更多、更优质的产品和服务。

商家还可以利用后台数据分析用户的复购情况，比如通过对比商圈同行均值来分析店铺用户的复购情况。用户重复购买率越高，说明用户对店铺的忠诚度就越高，反之则越低。提升用户对店铺的忠诚度是外卖运营的重中之重。

商家通过与商圈同行均值对比用户留存情况，可以了解店铺活跃用户占比情况。判断一家店铺或者产品是否有价值的一个重要标准就是，用户的留存率是否足够高。留存率低意味着大部分用户消费之后，没有再次在这家店铺消费的动力，也就意味着这家店铺的产品没有很好地满足用户的需求。提升用户留存率，也是提升店铺收入的一种重要方式。

3. 勤于归纳总结，指导相应策略分析

成功的用户分析是通过数据分析得出相应的结论，形成具有深度和价值的洞察，为店铺发现数据指标背后的增长可能。

商家要明确自己进行用户分析的目的，设立一定的分析目标。例如通过对用户行为分析，理性地了解用户，根据用户的目的、行为和态度差异，将他们划分为不同类型，然后从每种类型中抽取出典型特征，赋予人群画像，最终挖掘出不同人群对产品的偏好和潜在需求，以及对店铺及品牌的认可程度，从而指导营销推广和产品研发。

相较于传统餐饮，外卖业务依托互联网平台，积累了大量的数据，这些数据都是宝贵的经营财富，能够为商家精细化运营打下坚实的基础。商家要学会理解和运用这些数据，通过建立一定的用户分析思路，将这些数据转化为经营策略。在日常的外卖运营中，商家可以设立周期性的用户行为分析管理流程，通过有目标的用户行为分析及时更新店铺的用户画像，调整用户标签，并且深入了解店铺每个发展阶段的用户消费行为情况，从而评估店铺的整体经营状况，制定相对应的发展策略。

我们建议商家将每一次的用户分析都能沉淀为可传播、后续可参考的研究结论，这样不但能加深商家对用户的认识，还方便商家后续进行经营对比分析，及时捕捉用户消费行为的变化，有利于商家及时调整经营战略。

商圈分析

商圈分析是指商家对商圈的构成情况、性质、特点、范围以及影响商圈市场规模变化的各因素进行的综合性分析和研究。

对于餐饮商家来说，商圈分析有着极其重要的现实意义。商圈分析可以用于新开门店的选址，预估新开门店的经济效益，商家可以根据商圈人流购买力的大小及用户在本店的购买概率大体测算本店的销售额。此外，商圈分析可以帮助商家了解用户的构成及其特点，从而确定门店的目标市场和经营方针，并随时根据商圈内用户的变化灵活调整营销策略。

1.商圈分析的价值

商圈分析是商家合理选址的基础。新开门店的选址必须以选择适当的商圈为基础，这样能提高开店的成功率。商家在选择店址时，总是力求以较大的目标市场来吸引更多的目标用户，这需要经营者首先明确商圈范围，了解商圈内人口的分布状况以及市场、非市场因素的相关信息。经营者在此基础上，进行经营效益的评估，衡量店址的价值，按照选址的基本原则，选定适宜的地点。

商圈分析是商家制定竞争策略的前提。在日趋激烈的市场竞争环境中，商家在竞争中为取得优势，已广泛地采取非价格竞争的手段，诸如改善门店形象，进行品牌形象设计与策划，完善售后服务等。这些都需要经营者进行商圈分析，掌握客流来源和客流类型，了解用户的不同需求特点，采取有竞争力的经营策略，赢得竞争优势。

商圈分析是商家制定市场开拓战略的重要条件。商家经营方针、策略的制定或调整，总是要立足于商圈内各种环境因素的现状及发展趋势。商圈分析可以帮助经营者明确哪些是自身的基本用户群，哪些是潜在用户群，力求在保持基本用户群的同时，着力吸引潜在用户群，制定市场开拓战略，不断延伸经营触角，扩大商圈范围，提高市场占有率。

商圈分析是商家减少资金占用的重要手段。尤其是对于连锁店来说，流动资金占用多，要求资金周转速度快。经营规模受到商圈规模的制约，商圈规模又会随着经营环境的变化而变化。商家可以及时通过商圈分析，来调整自身的经营规模，提高资金利用率。

2.如何进行商圈分析

想要进行商圈分析，首先得明确商圈的分类。一般商圈的形状有圆形商圈、放射形商圈、条形商圈、方形商圈、单边商圈、直立商圈。从类型上来说，又可以分为传统商圈和特色商圈。传统商圈主要包含白领为主的商圈、居民为主的商圈、高校为主的商圈、综合性商圈。特色商圈主要包含交通枢纽、旅游区、游乐园、体育场等。商家在发展外卖业务的时候，还要考虑到网络商圈的辐射范围。我们根据商圈的层次分布，可将其分为核心商圈、次要商圈、边缘商圈，不同层次的商圈贡献度不同。

（1）分析商圈的性质

商家该如何明确商圈的性质呢？首先商家要评估用户到店的时间与距离，这是最基本的评估要素。用户到店的距离太远或者时间太长，会影响他们消费的意愿。对外卖用户来说也一样，如果门店位置过于偏僻，配送时间增加，也会影响用户的下单意愿。商家要根据餐饮门店与用户消费、骑手配送的时间、距离，找出自身的核心商圈。

其次，商圈内的人口特性、人口多寡与密度是影响商家经营成败的关键因素。商家要了解所在商圈的人口情况、家庭数量、人口年龄结构与职业结构，并且要预判该区域未来人口数量的变化趋势。

此外，商家还应该深入分析该区域的消费水平状况。该区域用户生活水平的高低、收入状况、消费习惯及消费力的强弱都是商家需要考察的，这可以使商家把握该区域用户的整体购买力。此外，商家还需要了解该区域的用户文化背景，用户有哪些饮食风俗和习惯偏好，有哪些饮食禁忌。

最后，交通网与交通设施是否发达，决定了用户消费的便利性，也影响骑手的配送效率。为了提升配送效率，商家必须掌握门店周围的交通条件。

（2）分析商圈的体量

真正决定商家能否生存的因素是商圈供需关系，每一个品类的需求在同一商圈都是有饱和度和边界的。想要计算商圈所能承受的最高餐饮门店数量，可以借助这个公式：

商圈消费饱和数 = 商圈内的顾客数目 × 商圈内用户人均消费支出 / 商圈内餐饮门店营业面积

商圈消费饱和数越高，市场饱和度就越低，越适合商家入驻。

如果商圈内的某品类的需求用户数远远大于门店供应数，证明该区域还有门店新增空间，我们称之为增量型商圈。如果需求人数小于门店供应数，证明该商圈门店已饱和或过剩，我们称之为存量型商圈。商家应该合理分析所处商圈的供需关系，去判断现有市场份额的占据情况，从而寻找切入的机会。

商家还应该实时关注和把控商圈的竞争状况，只有分析了竞争状况之后才能正确评估某个区域的市场机会。尽管某些区域的用户特点与目标市场很接近，经济状况良好，但如果竞争过于激烈，那么也不是最佳选择。同样，一个地区即使人口少，经济状况一般，如果竞争较缓和，也不失为较好的选址。考察一个商圈的竞争状况，应着重分析现有餐饮门店的数量、规模，新开店的发展速度，各餐饮门店的优势与劣势等因素。

此外，商家需要关注商圈的发展潜力。这需要结合当地的经济发展水平、人口增长情况以及该区域的商圈饱和度等因素来综合分析，从而判断整体业务未来能有多大的发展空间和成长潜力，并制定相应的战略目标。

数据选址

开餐饮门店非常重要的一点是选择地址。任何一个商家都希望选择一个生意兴隆的餐饮旺铺，因为选择的地址直接影响餐饮店的生意好坏。无论是堂食、外卖业务同步发展，还是主攻外卖业务，商家都需要慎重选择门店的位置。

互联网技术的不断发展，为餐饮行业积淀了非常有价值的数据，这些数据都可以用来搭建选址模型。尤其是美团外卖、大众点评等平台更是为商家在数据选址层面提供了强有力的支持。

在数字化转型的当下，商家一定要培养自身的数据思维，学会搜集数据、挖掘数据、整理数据，并且能够深入分析数据背后所蕴含的信息，把这些信息转化为具有指导意义的经营洞察，提升战略布局的成功性。

1. 广泛搜集数据信息，搭建选址模型

好的店铺选址就是在帮助商家建构初级生产力。

构成餐饮行业初级生产力的元素有三个：人数、人价和场景。人数的概念很好理解，单位面积内人的密度越大，总价值越高。人价也不难，就是不同的人消费能力不同，某个群体的单人价值越高，总价值越高。很多人在选址时会忽略场景的差异。同样一个人，在朋友聚餐以及逛街的时候，和他在工作餐、单人便饭时的消费单价肯定是有显著差异的。所以，不同场景下用户的消费能力是不同的，不同场景下的店铺收入水平也是不同的。

我们可以梳理出初级生产力的计算公式：

$$初级生产力 = 人数 \times 人价 \times 场景价值$$

初级生产力越高的地方，餐饮行业越发达、越丰富（如东京的涩谷，整片

区域的每一栋楼的每一层都是各种不同风格的餐厅）；初级生产力越低的地方，餐饮行业越贫乏（如一些小村镇，可能只有几家家常菜馆）。

商家可以围绕初级生产力的计算公式来广泛搜集相关数据信息，建构数据选址的具体方法，从而更好地进行店铺选址决策。

数据选址的第一步，就是明确选址的目标。这个目标是与商家的产品定位、人群定位等息息相关的。不同的品类，影响因素也不同，商家要因地制宜，考虑好受众群体。商家一定要从自己的定位出发，找寻合适自身的店铺位置。选址是为了店铺能更好地经营，所以切不可脱离店铺定位。

有了具体的方向之后，商家可以去详细地了解当前餐饮行业及外卖行业的市场空间、市场容量，了解用户规模、竞争对手规模，通过比对用户人群特质、消费能力、消费频次等锁定目标消费场景，继而做到对门店位置的初步判定。前文中我们提到了商圈分析对于门店选址的重要意义，这里建议商家要将商圈分析和数据选址结合起来，丰富自己对门店位置相关信息的掌握。

在选址的模型搭建过程中，商家应该根据对客流数据、经营数据（销售额、成交量等）及其他相关数据（天气、活动信息等）的多维分析来综合判断。商家可以测算自身经营品类在对应商圈的订单量情况，通过对比最高订单量以及日均订单量，从而估算自己的保底单量。商家还可以将订单量按照价格区间分别进行统计，了解不同价格的产品销量情况。此外，借助商圈内相关订单量、客单价等数据，商家还可以预估出店铺的营收情况，然后按照利润目标，去测算自己能够承担的房租成本。

这里需要注意的是，商家在选定店铺位置后，还需要根据该区域用户的经济条件、口味习惯等再筛选一次产品。一般来说，外卖产品上新的周期是 3 个月，商家可根据各季度适合的菜品适时调整菜单，并根据用户喜好定期推送新品。

2.学会借力，巧用商圈选址工具

由于餐饮门店选址是一个从市场规划、商圈评估到开店决策的复杂分析过程，我们只依靠自身的力量，很难获取更多有价值的信息，整个决策过程可能会遇到很多问题，这时候就需要我们借助外力，通过数据分析工具来提升自身的决策效率。在这里，我们为大家介绍一个数据选址的产品：美团数据选址工具。

美团数据选址工具以餐饮生态数据为核心驱动力，为商家提供美团数据选址和高效精准的选址策略，有效地帮助商家提升选址成功率，降低选址失败风险。

通过使用美团数据选址工具，商家可以查询目标城市及目标商圈的具体信息，在目标定位的0~5千米范围内，可任意调整选址区域大小。具体功能主要涵盖城市分析、商圈推荐、商圈点位分析、行业选址参考，支持商家对餐饮供需情况、商业成熟情况、竞争情况、外卖运力、客群消费偏好进行分析。

通过城市分析功能，商家可以分析同品类商家的经营概况，洞察目标城市市场先机，从而判断当前城市是否适合拓展新店。在城市分析中选择商圈也是一个关键环节，热门商圈推荐功能可以帮助商家快速定位城市内的热门商圈，从而进行下一步商圈点位选址决策。

商圈点位分析功能使得餐饮行业供需情况一目了然，可以辅助商家判断所选点位是否适合拓展新店。该功能可以提供不同商业业态的门店数量、餐饮业态门店数量以及周边设施数量，使商家了解商业分布情况，掌握区域内商业成熟度。同时，商家通过该功能还可以获得区域内同品类店铺数量及店铺经营情况，了解该区域的竞争情况，洞察市场竞争激烈程度，从而有针对性地找准自己的核心优势。

此外，商家可以获取外卖运力情况，清晰了解所选区域内的骑手接单及配送情况，根据外卖运力情况综合判断该区域是否适合拓展外卖店。商家还可以根据顾客的订单来源、下单时间、下单人数及客单价情况，来分析该区域内的客群消费需求，从而选定与品牌相符的客群区域。

最后，该工具还能够按月统计餐饮用户的数量及订单数量，形成客流热力图及订单量热力图分布，用以分析区域消费热度。同时提供同行业店铺的分布情况，进而帮助商家布局店铺位置。

新餐饮时代的门店选址，需要整合多源数据，实现精准选址。传统经验下的选址，数据获取难，蹲点耗时久，工具切换多，供需评估无法精细量化，最后的决策常常是依靠经验。而在大数据工具的加持下，商家选址能够整合多源数据源，高效且节约成本，并且数据实时动态计算，供需匹配能够得到有效支撑，使商家可以依托数据智能化更好地进行商业决策。

编委会

专家顾问团名单

专家/机构

曾姝骞	一枝书签管理咨询有限公司创始人
王永亮	百星连锁学院合伙人咨询顾问
吕 晗	四川吉太太食品科技有限公司 CEO

餐饮商家

陈 雷	陕味食族油泼面品牌创始人
度蕴蕴	港岛记品牌负责人
龚 力	蜀海供应链总经理
古 璞	北京俏江南餐饮管理有限公司外卖运营总监
郭 琦	北京大鸭梨餐饮集团总裁
黄进栓	肯德基中国总经理
Jeff Kuai	必胜客中国总经理
李星星	付小姐在成都品牌创始人
梁 棣	眉州东坡总裁
林慧蓉	麦当劳中国首席运营官
林咏梅	小蛮椒麻辣烫联合创始人
罗恒发	京味斋总经理
潘 慰	味千控股有限公司董事长
盛 健	和府捞面外卖运营中心总监
万立松	宣威山野人家 CEO
王勤松	绿茶餐厅创始人
王云安	古茗奶茶品牌创始人
贾国龙	西贝集团创始人
徐志超	蔡澜港式点心品牌线上运营总监
张宇晨	湖北周黑鸭企业发展有限公司 CEO
曾相洲	串意十足联合创始人
郑应海	四有青年米粉面品牌 CEO
周 彤	窑鸡王品牌创始人